스미스 위글스워스의
병 고침

Smith Wigglesworth on Healing

by Smith Wigglesworth

Copyright ⓒ 1999 by Whitaker House

Originally published in English under the title
Smith Wigglesworth on Healing by Whitaker House

30 Hunt Valley Circle New Kensington, PA 15068

Korean translation Copyright ⓒ 2006 by Pure Nard
2F 16, Eonju-ro 69-gil Gangnam-gu, Seoul, Korea

The Korean edition is published by arrangement with Whitaker House.
All rights reserved.

본 제작물의 한국어판 저작권은 Whitaker House와의 독점 계약으로 한국어 판권은 '순전한 나드'가 소유합니다. 저작권자의 허락 없이 이 책의 일부 또는 전체를 무단 복제, 전재, 발췌하면 저작권법에 의해 처벌을 받습니다.

스미스 위글스워스의 **병 고침**(개정판)

초판발행| 2015년 7월 15일
2쇄발행| 2018년 12월 20일

지 은 이| 스미스 위글스워스
옮 긴 이| 김광석

펴 낸 이| 허철
총   괄| 허현숙
편   집| 김혜진
디 자 인| 이보다나
인 쇄 소| 예원프린팅

펴 낸 곳| 도서출판 순전한나드
등록번호| 제2010-000128
주   소| 서울시 강남구 언주로69길 16, (역삼동) 2층
도서문의| 02) 574-6702
편 집 실| 02) 574-9702
팩   스| 02) 574-9704
홈페이지| www.purenard.co.kr

Printed in Korea

ISBN 978-89-6237-179-6 03230

| 개정판 |

스미스 위글스워스의 병 고침

스미스 위글스워스 지음 | 김광석 옮김

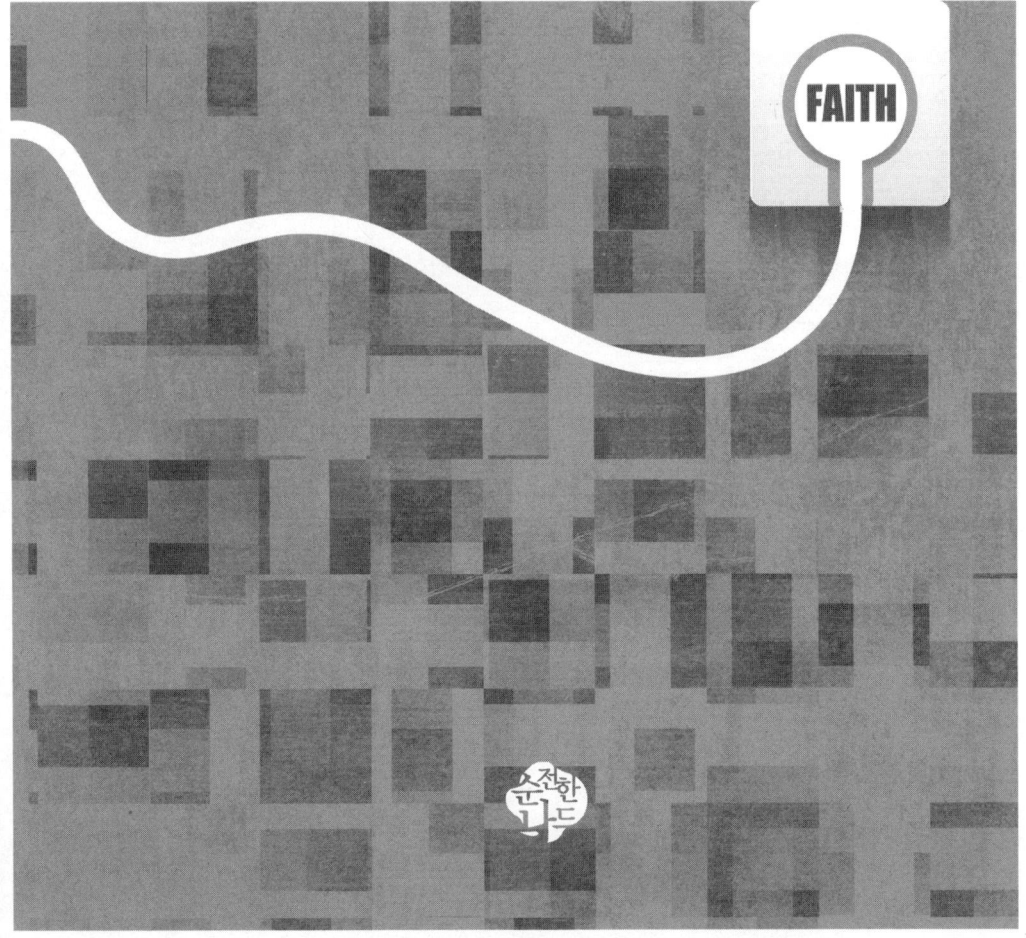

목차

들어가는 말 _6

Chapter 1   그 이름의 능력   _12
Chapter 2   그가 친히 우리의 연약한 것을 담당하셨다   _26
Chapter 3   그분을 향한 우리의 담대함   _36
Chapter 4   포로 된 자에게 자유를   _44
Chapter 5   하나님을 믿으라! 그리고 명령하라!   _58
Chapter 6   묶고 푸는 권세   _61
Chapter 7   주는 그리스도이십니다   _71
Chapter 8   얼마나 많은 사람들이 구원을 받았는가!   _82
Chapter 9   성령 안에 있는 생명   _88
Chapter 10 이보다 큰 일을 하리라   _103
Chapter 11 구원하는 믿음   _113
Chapter 12 화염검의 사역   _119

Chapter 13 시작하라	_129
Chapter 14 성령의 숨결	_135
Chapter 15 호주 멜버른에서의 치유	_143
Chapter 16 주 안에 거하라	_146
Chapter 17 상식	_156
Chapter 18 거룩한 생명이 건강을 가져온다	_160
Chapter 19 오래 참음과 병 고침의 은사	_174
Chapter 20 나는 너를 치료하는 여호와라	_187
Chapter 21 성령 충만이란 무엇인가?	_197
Chapter 22 누구 아픈 사람 있습니까?	_210
Chapter 23 네가 낫고자 하느냐?	_218
Chapter 24 생명의 말씀	_230
Chapter 25 성령 충만한 신자의 적극적인 삶	_244

들어가는
말

　스미스 위글스워스를 만난 것은 잊지 못할 경험이었습니다. 그를 알고 있거나 그의 말을 들어본 사람들은 모두 이런 반응을 보이는 것 같습니다. 스미스 위글스워스는 단순하지만 뛰어난 사람이었으며, 우리의 비범하신 하나님께서 비범하게 사용하신 자입니다. 그에게는 전염성이 강하면서도 영감이 넘치는 믿음이 있었습니다. 그의 사역을 통해 수많은 사람들이 구원을 받았고, 그리스도에 대한 더 깊은 믿음을 갖게 되었으며, 성령세례를 받았고, 기적적으로 병 고침을 받았습니다.

　이러한 결과를 가져온 능력의 근원은 성령의 임재였습니다. 성령께서는 스미스 위글스워스를 충만케 하셨고, 복음의 좋은 소식을 전 세계 사람들에게 전하는 데 그를 사용하셨습니다. 위글스워스는 자신의 사역을 통해 성취한 모든 결과에 대한 영광을 하나님께 돌렸고, 사람들이 자신의 사역을 이런 맥락에서만 이해해주길 원했습니다. 왜냐하면 그의 유일한 갈망은 사람들이 자신이 아닌 예수님을 보는 것이었기 때문입니다.

스미스 위글스워스는 1859년에 영국에서 태어났습니다. 어린 시절에 회심한 그는 다른 사람들의 구원에 관심을 갖고 사람들을 그리스도께로 인도했습니다. 그리고 그 안에는 그의 어머니가 포함되어 있었습니다. 그렇지만 그는 표현하는 데 서툴러서 교회에서 간증도 못하고, 설교는 더욱 어려워했습니다. 위글스워스는 자신의 어머니 또한 표현하는 것을 어려워했다고 말했습니다.

이러한 가족 내력과 더불어 정식 교육을 받지 못한 탓에(그는 가족을 부양하기 위해 7살 때부터 매일 12시간씩 일하였습니다) 위글스워스의 말은 매우 어눌했습니다. 그는 배관공이 된 후에도 계속해서 많은 사람들을 그리스도께로 인도하는 데 헌신했습니다.

위글스워스는 1882년에 폴리 페더스톤과 결혼했습니다. 쾌활한 성격의 그녀는 하나님을 사랑했고, 설교와 전도의 은사가 있었습니다. 그녀는 위글스워스에게 글을 가르쳐주고 그에게 가장 좋은 친구와 후원자가 되었습니다. 두 사람은 지역사회의 가난한 자와 궁핍한 자들을 긍휼히 여겨 미션센터를 열어 그곳에서 폴리가 설교를 했습니다. 놀랍게도 위글스워스가 사람들을 위해 기도했을 때, 기적적으로 고침을 받는 일이 일어났습니다.

1907년에 위글스워스의 상황이 극적으로 바뀌었습니다. 그의 나이 48세에 성령세례를 받은 것입니다. 그는 새로운 능력을 받았고, 이로 인해 설교를 할 수 있게 되었습니다. 심지어 그의 아내도 이런 변화에 매우 놀랐습니다. 이로써 수많은 사람들에게 복음을 전하는 세계적인 전도와 치유 사역이 시작되어 그는 미국, 호주, 남아공 그리고 유럽 전역에서 사역하였습니다. 그의 사역은 그가 사망한 1947년까지 계속되었습니다.

스미스 위글스워스의 삶과 사역에는 몇 가지 특징이 있습니다. 그는 구원받지 못한 자들과 병자들에게 순전하고 깊은 긍휼함을 가지고 있었습니다. 또한 그에게는 하나님의 말씀에 대한 수그러들지 않는 믿음이 있었습니다. 그는 그리스도는 흥하시고 자신은 쇠하길 갈망했습니다(요 3:30). 그는 자신의 소명이 사람들을 권하여 하나님을 향한 그들의 믿음과 신뢰를 확장시키는 것이라고 믿었습니다. 그는 초대 교회처럼 성령세례와 성령의 은사의 나타남을 강조했습니다. 그리고 질병을 가진 모든 사람이 완전히 나을 수 있다고 믿었습니다.

스미스 위글스워스는 하나님에 대한 절대적인 신뢰(trust)가 그의 삶과 메시지의 지속적인 주제였기 때문에 '믿음의 사도'라 불립니다. 그는 집회 때마다 하나님의 말씀을 인용했으며, 생동감 넘치는 찬양으로 사람들의 믿음을 세우는 것을 도왔고, 그들이 이 믿음에 따라 행하도록 격려했습니다. 그는 하나님께서 불가능한 일을 하실 수 있다는 사실을 진심으로 믿었고, 하나님은 그러한 그를 통해 위대한 일들을 행하셨습니다.

위글스워스가 사용한 비정통적인 방법들은 종종 의심을 받곤 했습니다. 전하는 바에 따르면 위글스워스는 사적으로는 매우 정중하고, 친절하며, 부드러웠다고 합니다. 그러나 그는 마귀를 다룰 때에는 매우 단호했습니다. 위글스워스는 모든 병의 원인이 마귀 때문이라고 믿었습니다. 위글스워스는 그가 직설적으로 말하고 사람들에게 단호하게 행동하는 이유가 사람들의 관심을 끌어 그들이 하나님께 초점을 맞추도록 하기 위함이었다고 말했습니다.

위글스워스는 마귀와 질병에 대해 분노하여 다소 거칠게 행동하는 것처럼 보였습니다. 그가 사람들의 치유를 위해 기도할 때, 그들의 아픈 부위를 치거나 펀치를 날릴 때가 많았습니다. 그러나 어느 누구도 이러한 치료법으로 인해 다치지 않았습니다. 대신 그들은 기적적으로 병이 나았습니다. 그에게 왜 사람들을 그런 식으로 대하냐고 묻자 그는 자신이 사람들을 치는 것이 아니라 마귀를 치는 것이라고 말했습니다. 그는 절대로 사탄을 부드럽게 대해서는 안 되며, 그가 우리의 삶을 도적질하지 못하도록 해야 한다고 믿었습니다.

전하는 바에 의하면, 위글스워스의 기도로 약 20명의 사람들이 죽었다가 다시 살아났다고 합니다. 위글스워스 또한 맹장염과 신장결석을 고침 받았습니다. 치유를 받은 후 그의 성품은 매우 부드러워졌고, 치유를 받으러 온 사람들 또한 부드럽게 대했습니다. 이렇듯 그의 태도가 갑자기 바뀐 것은 그가 자신의 부르심에 대해 매우 진지했으며, 그 부르심을 지체 없이 실천했기 때문입니다.

위글스워스는 완전한 치유를 믿었지만, 많은 사람들이 다시 병들어 죽었습니다. 여기에는 그의 아내와 아들의 죽음, 평생 귀머거리로 지낸 딸과 자신의 신장결석과 좌골신경통도 포함되었는데, 그는 이것을 이해하기 힘들어했습니다.

위글스워스는 종종 역설적으로 보였습니다. 그는 긍휼함이 많았지만 단호했고, 직설적이면서도 부드러웠으며, 점잖은 신사였지만 언어는 문법에 맞지 않아 헛갈릴 때가 많았습니다. 그러나 그는 자신이 가진 모든 것으로 하나님을 사랑했고, 변함없이 하나님과 그분의 말씀에 헌신했으며, 하나님을 필요로 하는 사람들의 삶 가운데 그분이 역사하시는 것을 목도하였습니다.

1936년에 스미스 위글스워스는 오늘날의 은사주의 운동에 대해 예언했습니다. 그는 기존의 정통 교단들이 오순절 운동을 능가하는 방식으로 부흥과 성령의 은사들을 경험하게 될 것이라고 정확하게 예견했습니다. 위글스워스는 이런 갱신운동을 직접 보지는 못했지만, 전도자이자 예언자로서 놀라운 치유사역을 했던 그의 모범과 영향력은 오늘날까지 이어지고 있습니다.

그의 삶과 사역 가운데 너무나 분명하게 임했던 하나님의 능력이 없었다면, 우리는 그의 설교 원고를 읽지 못했을지도 모릅니다. 왜냐하면 그의 설교는 일관성이 없고 문법적으로 맞지 않았기 때문입니다. 그러나 이런 가운데서도 그가 성령을 통해 받은 계시로 인한 보석과 같은 영적 통찰력은 매우 빛이 납니다. 그의 설교 가운데 삶을 변화시키는 하나님의 능력이 나타나는 것은 그가 철저하게 하나님께 헌신하고 그분을 믿는 삶을 살았기 때문입니다.

이 책을 읽을 때, 위글스워스의 사역 기간이 1900년대에서 1940년에 이르기까지 수십 년에 이른다는 것을 기억하는 것이 중요합니다. 이 설교들은 처음부터 글로 쓴 메시지가 아니라 그가 말한 것을 옮겨 적은 것입니다. 그래서 어쩔 수 없이 예배나 기도회의 분위기가 느껴집니다. 어떤 메시지들은 위글스워스가 컨퍼런스에서 인도했던 성경공부 내용입니다. 그는 종종 집회 중에 방언으로 말한 후 그것을 통역했는데, 이러한 메시지도 이 안에 들어 있습니다. 위글스워스의 독특한 스타일 때문에 이 책의 내용은 명확한 의미 전달을 위해 편집되었고, 현대 독자들에게 생소한 표현들은 현대적인 표현으로 바꾸었습니다.

우리는 스미스 위글스워스의 말씀을 읽는 이들이 흔들리지 않는 믿음으로 하나님을 온전히 신뢰했던 그의 믿음을 느끼고, 그가 가장 좋아했던 "오직 믿기만 하라"는 말을 가슴 깊이 되새기길 바랍니다.

Chapter 1

그 이름의 능력

예수님의 이름으로 모든 것이 가능합니다(마 19:26). "이러므로 하나님이 그를 지극히 높여 모든 이름 위에 뛰어난 이름을 주사 하늘에 있는 자들과 땅에 있는 자들과 땅 아래 있는 자들로 모든 무릎을 예수의 이름에 꿇게 하시고"(빌 2:9-10). 예수님의 이름에는 세상의 모든 것을 이길 수 있는 능력이 있습니다. 저는 예수님의 이름을 통해 놀라운 연합을 기대하고 있습니다. "천하 사람 중에 구원을 받을 만한 다른 이름을 우리에게 주신 일이 없음이라"(행 4:12).

예수님의 이름을 말하라

저는 주님의 이름의 능력과 덕, 그리고 그 영광을 여러분 안에 불어넣고 싶습니다. 여섯 사람이 한 병자를 위해 기도해주려고 그의 집으로 갔습니다. 성공회 지도자인 그는 침대에 무기력하게 누워 있었습니다. 그는 치유에 대한 소책자를 통해 병자를 위해 기도하는 것에 관해 알게 되었습니다. 그래서 그는 자기 친구들을 불렀습니다. 그는 그들이 '믿음의 기도'(약 5:15)를 할 수 있다고 생각했습니다. 친구들은 야고보서 5장 14절의 말씀에 따라 그에게 기름을 발랐습니다. 하지만 즉각적으로 치유가 나타나지 않자 그는 슬프게 울었습니다. 친구들은 방에서 나왔습니다. 그들은 환자가 아무런 변화 없이 누워 있는 모습을 보고 다소 의기소침해졌습니다.

그들이 밖으로 나왔을 때 한 사람이 말했습니다. "우리가 할 수 있었는데 하지 못한 것이 한 가지가 있네요. 저는 우리가 다시 들어가서 그걸 시도해봤으면 하는데요." 그들은 모두 다시 들어가서 침대 주위로 둘러섰습니다. 그 형제가 말했습니다. "예수님의 이름을 속삭입시다." 처음에 그들이 이 귀한 이름을 속삭였을 때에는 아무 일도 일어나지 않는 것 같았습니다. 그런데 그들이 계속해서 "예수, 예수, 예수"하고 예수님의 이름을 속삭이자 능력이 나타나기 시작했습니다.

하나님께서 일하시는 모습을 보자 그들의 믿음과 기쁨이 커졌고, 그들은 그 이름을 더 크게 속삭이기 시작했습니다. 그러자 그 남자가 침대에서 일어나 옷을 입었습니다. 그 비밀은 이렇습니다. 그들은 병자에게서 눈을 떼어 주 예수님을 바라보았던 것입니다. 그들의 믿음이 그분의 이름 안에 있는 능력을 붙들었던 것입니다. 오! 사람들이 그 이름 안에 있는 능력을 알기만 한다면, 어떤 일이 일어날지 말할 필요가 없습니다.

저는 그분의 이름과 그 이름의 능력을 통해 우리가 하나님께 나아갈 수 있다는 것을 압니다. 예수님의 얼굴이 친히 모든 곳을 영광으로 채우고 계십니다. 그 이름을 높이는 사람들이 온 세상 어디에나 있습니다. 그 이름을 말할 때, 그 기쁨이 얼마나 큰지 모릅니다!

나사로를 일으키다

어느 날 저는 기도하러 웨일즈에 있는 산에 올라갔습니다. 그날은 참으로 놀라운 하루였습니다. 언젠가 누군가가 이 산에 기도하러 올라갔다가 주의 영이 그를 놀랍게 만나주셔서 그가 집으로 돌아왔을 때 얼굴이 천사의 얼굴처럼 빛났다는 이야기를 들었습니다. 산 아래 계곡에 사는 모든 이들이 이것에 대해 이야기하였습니다. 제가 그 산에 올라가 종일 주님의 임재 가운데 보냈을 때, 그분의 놀라운 능력이 저를 충만히 적시는 것 같았습니다.

이 일이 있기 2년 전에 웨일즈에서 두 젊은이가 우리 집에 왔습니다. 그들은 평범한 청년들이었지만, 하나님에 대한 열정이 있었습니다. 그들은 우리 미션센터에 와서 하나님의 기적의 역사를 보았습니다. 그날 그들이 저에게 말했습니다. "주님께서 당신을 웨일즈로 보내셔서 우리의 나사로를 다시 살리신다 할지라도 놀라지 않을 겁니다." 그들은 자기 교회의 목사님에 대한 이야기를 했습니다. 그는 낮에는 광산에서 일하고 저녁에는 복음을 전하다가 어느 날 결핵에 걸려 쓰러졌습니다. 그는 4년 동안 무기력하게 누워서 아무것도 하지 못했고, 누군가가 음식을 먹여줘야 했습니다.

제가 그 산에 올랐을 때, 저는 복음서에 나오는 변화산이 생각났습니다(마 17:1-8). 그리고 주님께서 우리를 영광 가운데로 데려가시는 유일한 목적이 계곡 아래에서 더 크게 쓰임 받도록 준비시키시기 위함이라는 생각이 들었습니다.

> **방언 통역)** 살아 계신 하나님은 그분의 거룩한 유업을 위해 우리를 택하셨도다. 그리고 우리의 사역을 위해 우리를 준비시키시는 분은 그분이시니라. 이는 이것이 사람에게서 난 것이 아니요, 하나님에게 난 것이 되도록 하기 위함이라.

그날 산에 올랐을 때, 주님께서 이렇게 말씀하셨습니다. "나는 네가 가서 나사로를 일으키길 원하노라." 저는 이것을 함께 간 형제에게 말했습니다. 그리고 계곡으로 내려와서 다음과 같이 우편엽서를 썼습니다. "제가 오늘 산에서 기도할 때, 하나님께서 저에게 가서 나사로를 일으켜야 한다고 말씀하셨습니다." 저는 두 청년이 저에게 알려준 사람 앞으로 우편엽서를 보냈습니다.

그곳에 도착했을 때, 저는 우편엽서를 받은 사람에게 갔습니다. 그는 저를 쳐다보며 물었습니다. "당신이 이걸 보냈습니까?" 저는 "예"라고 답했습니다. 그러자 그가 말했습니다. "우리가 이걸 믿을 것이라고 생각하나요? 여기 있습니다. 다시 가져가시오." 그는 저에게 엽서를 던졌습니다.

그는 하인을 불러 말했습니다. "이 사람을 데리고 가서 나사로를 보여줘라." 그런 다음 그는 이렇게 말했습니다. "그를 보는 순간 당신은 집에 가고 싶을 겁니다. 조금도 이곳에 머물고 싶지 않을 겁니다." 인간적인 관점에서 그의 말은 사실이었습니다. 그 사람은 대책이 없었습니다. 그는 앙상한 뼈에 가죽만 덮여 있을 뿐이었습니다. 어떠한 생명의 기미도 보이지 않았습니다.

저는 그에게 말했습니다. "소리를 지르시겠습니까? 이스라엘 백성들이 여리고 성벽이 아직 굳건하게 서 있을 때 소리를 지른 것을 기억하시죠? 당신이 믿기만 하면, 하나님은 당신에게 그러한 승리를 주실 것입니다." 그러나 저는 그로 하여금 믿도록 만들 수가 없었습니다. 그에게선 한 톨의 믿음도 보이지 않았습니다. 그는 아무것도 믿지 않기로 작정한 듯했습니다.

하나님의 말씀이 결코 실패하지 않는다는 것을 아는 것은 축복입니다. 인간의 계획은 절대 듣지 마십시오. 인간의 관점에서 낙심이 된다 할지라도 계속해서 하나님을 믿으면 그분은 강력하게 역사하실 수 있습니다.

제가 엽서를 보낸 사람에게 다시 돌아갔을 때, 그가 물었습니다. "이제 집에 갈 준비가 되셨나요?" 제가 대답했습니다. "저는 보는 것에 따라 움직이지 않습니다. 저는 오직 제가 믿는 것에 따라 움직입니다. 제가 아는 사실은 믿음의 사람은 상황을 보지 않는다는 것입니다. 믿음의 사람은 자신의 감정을 의지하지 않습니다. 하나님을 믿는 사람은 그분께 요청할 수 있습니다. 하나님의 은혜를 경험한 사람은 모든 상황을 비웃고 하나님을 믿을 수 있습니다."

오순절의 역사에는 이 세상의 것과는 다른 무언가가 있습니다. 여러분은 오순절의 역사를 통해 하나님이 실제적인 분(a reality)이심을 압니다. 성령께서 주도권을 가지고 역사하시는 곳마다 성령의 은사들이 나타납니다. 이런 은사들이 한 번도 나타나지 않는다면, 저는 그곳에 하나님의 임재가 있는지 의심합니다.

오순절 사람들은 집회에서 행복해합니다. 우리는 다른 교회들이 제공하는 여흥들을 전혀 원치 않습니다. 하나님이 오시면 그분께서 친히 우리를 즐겁게 해주십니다. 왕의 왕이요, 주의 주이신 그분이 우리를 즐겁게 해주십니다. 이 얼마나 놀라운 일입니까!

당시 웨일즈 마을의 상태는 좋지 않았고, 사람들을 믿게 만드는 것이 불가능해 보였습니다. 저는 "집에 갈 준비가 되셨나요?"라는 질문을 받았지만, 그곳에 사는 한 부부가 자기들과 함께 머물자고 했습니다. 저는 그들에게 "저는 이곳에서 몇 분이나 우리와 함께 기도할 수 있는지 알고 싶습니다"라고 말했습니다. 그런데 기도하고 싶어 하는 사람이 하나도 없었습니다.

저는 이 불쌍한 사람의 구원을 위해 기도해줄 7명의 사람을 구할 수 있는지 물었습니다. 그러자 두 사람이 함께 기도하겠다고 하였습니다. 저는 그들에게 이렇게 말했습니다. "저는 두 분을 의지하겠습니다. 그리고 저와 저의 친구가 있습니다. 이제 우리에게는 세 사람이 더 필요합니다." 저는 그들에게 아침이 되면 세 사람이 와서 우리와 함께 나사로를 살리기 위해 기도할 것이라고 말했습니다. 사람의 선택에 양보하면 되는 일이 없을 것입니다. 하나님께서 무언가를 말씀하셨으면, 우리는 그것을 믿어야 합니다.

저는 사람들에게 그날 밤 아무것도 먹지 않겠다고 말했습니다. 제가 잠자리에 들자 마귀가 병상에 누워 있는 그 불쌍한 사람에게 행한 모든 것을 저에게 행하려는 것 같았습니다. 한밤중에 깼을 때, 저는 기침을 한 후 결핵에 걸린 사람들이 보이는 증세를 모두 보였습니다. 저는 침대에서 바닥으로 굴러 떨어져 마귀의 권세에서 구해달라고 하나님께 외쳤습니다. 저는 집안의 모든 사람을 깨울 만큼 큰 소리로 외쳤지만, 어느 누구도 깨지 않았습니다. 하나님은 결국 저에게 승리를 주셨고, 저는 다시 침대로 돌아와 제 생애에서 가장 편안한 잠을 잤습니다.

새벽 5시에 주님께서 저를 깨우시고 말씀하셨습니다. "네가 내 식탁에서 떡을 떼기까지 떡을 떼지 말라." 새벽 6시에 주님은 저에게 이 말씀을 주셨습니다. "내가 이를 다시 살리리라"(요 6:40). 저는 같은 방에서 자고 있던 친구를 팔로 쳤습니다. 그는 "윽!"하고 신음을 냈습니다. 저는 그를 다시 팔로 치며 말했습니다. "들리나? 주님께서 그를 일으키겠다고 말씀하셔."

아침 8시에 그들이 저에게 말했습니다. "아침 식사를 좀 하시지요." 그러나 저에게는 기도와 금식이 가장 큰 즐거움이었습니다. 하나님의 인도하심을 받을 때에 여러분도 그렇게 느낄 것입니다. 우리가 나사로가 살고 있는 집으로 갔을 때 모두 8명이 왔습니다. 어느 누구도 저에게 하나님이 기도에 응답하지 않으신다는 것을 입증하지 못했습니다. 그분은 언제나 우리가 기도한 것 이상으로 행하십니다. 그분은 언제나 우리가 구하거나 생각하는 모든 것에 더 넘치도록 능히 하십니다(엡 3:20).

우리가 그 병자의 집에 들어갔을 때 우리에게 임한 하나님의 능력을 결코 잊지 못할 것입니다. 그것은 참으로 황홀했습니다! 우리가 침대 주변에 원을 그리고 섰을 때, 저는 한 형제에게 한 손으로 병자의 손을 잡으라고 했습니다. 그리고 저는 그 형제의 반대편 손을 잡았습니다. 그리고 우리는 모두 옆 사람의 손을 잡았습니다. 제가 말했습니다. "이제 우리는 기도할 것입니다. 우리는 단지 예수님의 이름을 사용할 것입니다." 우리 모두 무릎을 꿇고 한 단어를 속삭였습니다. "예수! 예수! 예수! 예수!"

그러자 하나님의 능력이 임했습니다. 그러다가 능력이 거둬졌습니다. 다섯 번이나 하나님의 능력이 임한 후에야 그분의 능력이 머물렀습니다. 그러나 침대에 누워 있던 자는 움직임이 없었습니다. 2년 전에 어떤 사람이 와서 그를 일으키려고 시도했지만 실패한 적이 있었는데, 마귀는 그 실패를 나사로를 낙담시키는 수단으로 사용했습니다.

저는 이렇게 말했습니다. "저는 마귀가 뭐라고 말했는지 상관하지 않습니다. 하나님께서 당신을 일으키겠다고 말씀하셨으면 반드시 그렇게 되어야 합니다. 하나님이 예수님에 대해 말씀하신 것 이외의 모든 것은 잊어버리십시오."

여섯 번째로 권능이 임하자 그 병자의 입술이 움직이기 시작했고, 눈에서 눈물이 흘렀습니다. 제가 그에게 말했습니다. "하나님의 권능이 지금 이곳에 임했습니다. 그것은 당신의 것이니 받으십시오." 그가 말했습니다. "저는 지금까지 제 마음에 한을 품어왔습니다. 그리고 제가 하나님의 성령을 근심케 했다는 것을 압니다. 저는 이곳에 무기력하게 있습니다. 저는 손을 들 수도 없고, 심지어 숟가락을 제 입에 가져가지도 못합니다." 제가 말했습니다. "회개하십시오. 그러면 하나님께서 당신의 말을 들으실 것입니다." 그는 회개하며 소리쳤습니다. "오, 하나님, 이 모든 것이 당신의 영광이 되게 하소서." 그가 이 말을 할 때에 주님의 권능이 그를 관통했습니다.

저는 지금 그날 일어난 일을 그대로 간증하는 것 이외의 다른 말을 더하지 않게 해달라고 주님께 간구했습니다. 왜냐하면 하나님은 결코 과장된 말을 축복하지 않으신다는 것을 알기 때문입니다. 우리가 다시 "예수! 예수! 예수!"라고 말하자 침대가 흔들렸고, 그 남자도 흔들렸습니다. 저는 함께한 사람들에게 말했습니다. "이제 모두 아래층으로 내려가셔도 됩니다. 모든 것은 하나님이 하십니다. 저는 그분을 돕지 않을 작정입니다."

저는 자리에 앉아서 그 남자가 일어나 옷을 입는 것을 지켜보았습니다. 그가 계단을 내려올 때에 우리는 영광송(doxology)을 불렀습니다. 저는 그에게 말했습니다. "무슨 일이 일어났는지 말해주십시오."

나사로가 자리에서 일어났다는 소문이 곧 온 마을에 퍼졌습니다. 사람들은 라넬리와 주변 모든 지방에서 그를 보러 왔으며, 그의 간증을 들었습니다. 그 일을 계기로 하나님은 많은 사람들을 구원으로 인도하셨습니다. 그는 야외에서 하나님이 하신 일을 증거했고, 그 결과 많은 사람들이 찔림을 받고 회심하였습니다. 이 모든 일은 예수의 이름 때문에, '예수로 말미암아 난 믿음'(행 3:16) 때문에 일어난 일입니다. 그렇습니다. 그분을 의지하는 믿음이 이 병자에게 완전한 건강을 가져다준 것입니다.

절름발이가 치유되다

이제 사도행전의 말씀을 읽어보겠습니다.

제 구 시 기도 시간에 베드로와 요한이 성전에 올라갈새 나면서 못 걷게 된 이를 사람들이 메고 오니 이는 성전에 들어가는 사람들에게 구걸하기 위하여 날마다 미문이라는 성전 문에 두는 자라 그가 베드로와 요한이 성전에 들어가려 함을 보고 구걸하거늘 베드로가 요한과 더불어 주목하여 이르되 우리를 보라 하니 그가 그들에게서 무엇을 얻을까 하여 바라보거늘 베드로가 이르되 은과 금은 내게 없거니와 내게 있는 이것을 네게 주노니 나사렛 예수 그리스도의 이름으로 일어나 걸으라 하고 오른손을 잡아 일으키니 발과 발목이 곧 힘을 얻고 뛰어 서서 걸으며 그들과 함께 성전으로 들어가면서 걷기도 하고 뛰기도 하며 하나님을 찬송하니 모든 백성이 그 걷는 것과 하나님을 찬송함을 보고 그가 본래 성전 미문에 앉아 구걸하던 사람인 줄 알고 그에게 일어난 일로 인하여 심히 놀랍게 여기며 놀라니라 나은 사람이 베드로와 요한을 붙잡으니 모든 백성이 크게 놀라며 달려 나아가 솔로몬의 행각이라 불리우는 행각에 모이거늘 베드로가 이것을 보고 백성에게 말하되 이스라엘 사람들아 이 일을 왜 놀랍게 여기느냐 우리 개인의 권능과 경건으로 이 사람을 걷게 한 것처럼 왜 우리를 주목하느냐 아브라함과 이삭과 야곱의 하나님 곧 우리 조상의 하나님이 그의 종 예수를 영화롭게 하셨느니라 너희가 그를 넘겨 주고 빌라도가 놓아 주기로 결의한 것을 너희가 그 앞에서 거부하였으니 너희가 거룩하고 의로운 이를 거부하고 도리어 살인한 사람을 놓아 주기를 구하여 생명의 주를 죽였도다 그러나 하나님이 죽은 자 가운데서 그를 살리셨으니 우리가 이 일에 증인이라 그 이름을 믿으므로 그 이름이 너희가 보고 아는 이 사람을 성하게 하였나니 예수로 말미암아 난 믿음이 너희 모든 사람 앞에서 이같이 완전히 낫게 하였느니라 (행 3:1–16)

베드로와 요한은 힘이 없었고, 교육도 받지 못한 사람들이었습니다. 그들은 대학 교육도 받지 못했습니다. 그러나 그들은 예수님과 함께 지냈고, 예수 이름의 권능에 대한 놀라운 계시가 그들에게 임했습니다. 예수님이 오병이어의 기적을 행하셨을 때, 그들은 사람들에게 떡과 물고기를 나눠주었습니다. 그들은 주님과 함께 식탁에 앉았으며, 요한은 주님의 얼굴을 자주 들여다보았습니다. 예수님은 종종 베드로를 야단

치셨지만, 이 모든 것을 통해 그에게 자신의 사랑을 나타내셨습니다. 그렇습니다. 주님은 다루기 힘든 베드로를 사랑하셨습니다.

주님은 참으로 사랑이 많으신 구세주이십니다! 저도 원래는 다루기 힘들고 고집이 셌습니다. 한때 저의 기질은 통제가 되지 않았습니다. 주님께서 저를 얼마나 참으셨는지 모릅니다! 이제 저는 이 자리에서 예수 안에 능력이 있으며, 그분의 놀라운 이름 안에 모든 사람을 변화시키고 고칠 수 있는 능력이 있다는 사실을 여러분에게 말할 수 있습니다.

그분을 '우리 모두의 죄악'을 담당하신 하나님의 어린 양(사 53:6)으로 그리고 하나님의 사랑받는 아들로 보고 우리를 구속하기 위해 예수님께서 값을 온전히 치르셨다는 것을 알면, 여러분은 주님께서 값 주고 사신 구원과 생명, 능력을 유업으로 받을 수 있습니다.

가난한 베드로와 요한에게는 돈이 없었습니다. 이 건물 안에 있는 사람들 중에 베드로와 요한만큼 가난한 자는 없을 것입니다. 그러나 그들에겐 믿음이 있었습니다. 그들에겐 성령의 권능이 있었으며, 하나님이 계셨습니다. 여러분에게 아무것도 없다 할지라도 여러분은 하나님을 소유할 수 있습니다. 저는 하나님의 권능으로 최악의 사람이 구원받는 것을 목격했습니다.

살인을 계획했던 사람

어느 날 저는 예수님의 이름에 대해 설교하고 있었습니다. 그런데 그곳에 한 사람이 가로등에 기대어 서서 저의 말을 듣고 있었습니다. 우리가 야외 집회를 마쳤을 때, 그 남자는 여전히 그 기둥에 기대어 서 있었습니다. 저는 그에게 물었습니다. "어디가 아프십니까?" 그는 저에게 자기 손을 보여주었습니다. 그리고 그의 코트 안에는 은도금 손잡이가 달린 단검이 있었습니다. 그는 자신이 부정을 저지른 아내를 죽이러 가다가 예수 이름의 권능에 대해 말하는 저의 설교를 듣고 갈 수가 없었다고 말했습니다. 그는 자신이 무력하게 느껴진다고 말했습니다. 저는 그에게 "무릎을 꿇으시오"라고 말했습니다. 많은 사람들이 지나가는 바로 그 광장에서 그는 구원을 받았습니다.

저는 그를 저의 집으로 데려와서 새 옷을 입혀 주었습니다. 저는 그 사람에게서 하나님이 사용하실 수 있는 무언가가 있다는 것을 보았습니다. "하나님께서 저에게 예수님을 계시하셨습니다. 저는 예수님이 모든 것을 담당하셨다는 것을 압니다." 저는 그에게 약간의 돈을 빌려주었습니다.

그는 곧바로 자그마한 멋진 집을 샀습니다. 그의 부정한 아내는 다른 남자하고 같이 살고 있었지만, 그는 그녀를 위해 준비한 그 집으로 아내를 초청했습니다. 놀랍게도 그녀가 돌아왔습니다. 적대감과 미움으로 가득했던 상황이 사랑으로 인해 완전히 달라졌습니다. 하나님은 그가 가는 곳마다 그를 사역자로 삼으셨습니다. 어디를 가든지 예수의 이름 안에는 능력이 있습니다. 하나님은 우리를 온전히 구원하실 수 있습니다(히 7:25).

불치병 환자가 나음을 입다

스톡홀름에서 열렸던 집회가 생각납니다. 저는 언제나 그날을 기억할 것입니다. 그곳에는 불치병 환자들을 위한 집이 있었는데, 그 중 한 사람이 우리 집회에 왔습니다. 중풍병자인 그는 온몸을 떨었습니다. 그는 두 사람의 부축을 받으며 강단으로 나와 3천 명이나 되는 군중 앞에 섰습니다.

제가 예수님의 이름으로 그에게 기름을 발랐을 때, 그에게 하나님의 권능이 임했습니다. 제가 그를 만지는 순간 그는 짚고 있던 목발을 버리고 예수님의 이름으로 걷기 시작했습니다. 그는 계단을 걸어 내려가 모든 사람이 보는 앞에서 그 큰 건물 안을 돌아다녔습니다.

우리 하나님께는 능치 못한 일이 없습니다. 우리가 믿기만 하면, 그분은 모든 것을 행하실 것입니다.

Chapter 2

그가 친히 우리의 연약한 것을 담당하셨다

저물매 사람들이 귀신 들린 자를 많이 데리고 예수께 오거늘 예수께서 말씀으로 귀신들을 쫓아 내시고 병든 자들을 다 고치시니 이는 선지자 이사야를 통하여 하신 말씀에 우리의 연약한 것을 친히 담당하시고 병을 짊어지셨도다 함을 이루려 하심이더라 (마 8:16-17)

여기 놀라운 말씀이 있습니다. 이 말씀은 전체가 놀랍습니다. 이 복된 책은 우리에게 생명과 건강, 평안과 풍성함을 가져다줍니다. 이 책은 하늘에 있는 저의 은행입니다. 저는 제가 원하는 모든 것을 그 안에서 발견합니다.

저는 여러분이 얼마나 부요해질 수 있는지를 보여주고 싶습니다. 그래서 그 결과 여러분이 모든 일 가운데 그리스도 예수 안에서 부요해지길 원합니다(고전 1:5). 주님은 여러분에게 주실 "은혜와 의의 선물을 넘치게"(롬 5:17) 가지고 계십니다. 그분의 풍성한 은혜로 인해 우리는 모든 일을 다 할 수 있습니다(마 19:26). 저는 여러분이 살아 계신 포도나무인 그리스도 예수의 살아 있는 가지가 될 수 있다는 사실과 여러분이 이 세상에서 주님처럼 되는 것이 여러분의 특권임을 보여주고 싶습니다. 요한은 우리에게 "주께서 그러하심과 같이 우리도 이 세상에서 그러하니라"(요일 4:17)라고 말합니다. 우리 안에 무언가가 있기 때문이 아니라 우리 안에 계신 그리스도께서 우리의 모든 것이 되시기 때문에 그렇습니다.

주 예수님은 언제나 그분의 은혜와 사랑을 보여주셔서 우리를 그분께 가까이 이끄시길 원하십니다. 하나님은 우리 가운데 역사하길 원하시고, 그분의 말씀을 나타내길 원하시며, 바로 오늘 이 시간에 우리가 하나님의 마음을 측량하기 원하십니다.

문둥병자가 기적적으로 고침을 받다

오늘날 궁핍에 처한 자들과 고통받는 자들이 많이 있지만, 저는 그 누구도 마태복음 8장에 나오는 나병환자의 상태에 절반에도 미치지 못한다고 생각합니다.

예수께서 산에서 내려오시니 수많은 무리가 따르니라 한 나병환자가 나아와 절하며 이르되 주여 원하시면 저를 깨끗하게 하실 수 있나이다 하거늘 예수께서 손을 내밀어 그에게 대시며 이르시되 내가 원하노니 깨끗함을 받으라 하시니 즉시 그의 나병이 깨끗하여진지라 예수께서 이르시되 삼가 아무에게도 이르지 말고 다만 가서 제사장에게 네 몸을 보이고 모세가 명한 예물을 드려 그들에게 입증하라 하시니라 (마 8:1-4)

이 사람은 문둥병자였습니다. 아마 여러분도 결핵, 암, 혹은 다른 질병으로 고통을 당하고 있을지도 모르겠습니다. 하지만 여러분이 그리스도에 대해 살아 있는 믿음을 가지고 있다면, 하나님은 그분의 완벽한 씻음과 치유를 보여주실 것입니다. 예수님은 놀라우신 분입니다.

이 문둥병자는 틀림없이 예수님에 대한 이야기를 들었을 것입니다. 사람들이 예수님이 우리 시대에 하실 일을 말하지 않음으로 인해 잃어버리는 것들이 얼마나 많습니까! 아마도 누군가가 그 문둥병자에게 와서 이렇게 말했을 것입니다. "예수님께서 당신을 고치실 수 있습니다." 그래서 예수님이 산에서 내려오시는 모습을 보았을 때, 그는 기대감으로 가득 찼습니다.

당시에 문둥병자들은 사람들이 있는 곳에 가까이 가지 못하였습니다. 그들은 부정한 자로 여겨져 외부와 벽을 쌓고 살아야 했습니다. 따라서 그는 예수님을 둘러싼 군중들 때문에 그분께 가까이 다가가기가 무척 어려웠을 것입니다. 그러나 산에서 내려오신 주님은 문둥병자를 만나주셨습니다. 주님은 그에게 다가가셨습니다.

아! 문둥병은 얼마나 무서운 병인지요! 인간적으로는 그를 도울 수 있는 방법이 없었습니다. 하지만 예수님께는 어려운 것이 없습니다. 그 남자가 소리쳤습니다. "주여, 원하시면 저를 깨끗하게 하실 수 있나이다"(마 8:2). 예수님께서 원하셨을까요? 예수님은 선을 행하실 기회를 놓치지 않으십니다. 주님은 언제나 우리가 그분께 일하시도록 기회를 드리는 것보다 훨씬 더 기꺼이 일하기 원하십니다. 문제는 우리가 그분께 나아가지 않는 데 있습니다. 우리는 주님이 기꺼이 주시고자 하는 것을 그분께 구하지 않습니다.

"예수께서 손을 내밀어 그에게 대시며 이르시되 내가 원하노니 깨끗함을 받으라 하시니 즉시 그의 나병이 깨끗하여진지라"(마 8:3). 저는 이 구절을 좋아합니다. 만일 여러분이 주님께 대하여 확고한 마음을 품는다면, 결코 실망하며 떠나지 않을 것입니다. 하나님의 생명이 여러분 안으로 흘러들어오면, 여러분은 즉시 치유를 받을 것입니다.

이 예수님은 오늘날에도 동일하십니다. 주님은 여러분에게 "내가 원하노니 깨끗함을 받으라"고 말씀하십니다. 그분은 여러분을 위해 넘치는 생명의 잔을 가지고 계십니다. 그분은 여러분이 완전히 무기력함 가운데 있을 때에 만나주실 것입니다.

여러분이 믿기만 하면 모든 것이 가능합니다(막 9:23). 하나님은 정말로 놀라운 계획을 가지고 계십니다. 그리고 그것은 매우 단순합니다. "예수님께 나오기만 하라"는 것입니다. 그러면 과거와 동일하게 역사하시는 주님을 만나게 될 것입니다(히 13:8).

말씀으로 병을 고치신 예수님

마태복음 8장에는 자신의 하인을 위해 예수님께 와서 간청하는 백부장이 나옵니다. 그의 하인은 중풍으로 마비되어 고통 가운데 있었습니다.

> 예수께서 가버나움에 들어가시니 한 백부장이 나아와 간구하여 이르되 주여 내 하인이 중풍병으로 집에 누워 몹시 괴로워하나이다 이르시되 내가 가서 고쳐 주리라 백부장이 대답하여 이르되 주여 내 집에 들어오심을 나는 감당하지 못하겠사오니 다만 말씀으로만 하옵소서 그러면 내 하인이 낫겠사옵나이다 나도 남의 수하에 있는 사람이요 내 아래에도 군사가 있으니 이더러 가라 하면 가고 저더러 오라 하면 오고 내 종더러 이것을 하라 하면 하나이다 예수께서 들으시고 놀랍게 여겨 따르는 자들에게 이르시되 내가 진실로 너희에게 이르노니 이스라엘 중 아무에게서도 이만한 믿음을 보지 못하였노라 또 너희에게 이르노니 동 서로부터 많은 사람이 이르러 아브라함과 이삭과 야곱과 함께 천국에 앉으려니와 그 나라의 본 자손들은 바깥 어두운 데 쫓겨나 거기서 울며 이를 갈게 되리라 예수께서 백부장에게 이르시되 가라 네 믿은 대로 될지어다 하시니 그 즉시 하인이 나으니라 (마 8:5-13)

이 남자는 너무 간절해서 예수님을 찾아왔습니다. 여기서 한 가지 분명한 사실에 주목하십시오. 그것은 주님을 찾았는데 그분을 찾지 못하는 경우는 없다는 사실입니다. "구하는 이마다 받을 것이요"(마 7:8).

예수님이 하신 은혜로운 말씀을 들어보십시오. "내가 가서 고쳐 주리라"(마 8:7).

제가 가는 곳마다 모든 사람을 위해 기도해줄 수는 없습니다. 어떤 곳에서는 2-3백 명이 제가 와주길 바라지만, 저는 그렇게 할 수 없습니다. 그렇지만 주 예수님은 언제나 기꺼이 가서 고쳐주길 원하십니다. 주님은 병든 자를 도와주기를 간절히 원하십니다. 그분은 그들의 질병을 고쳐주시길 기뻐하십니다. 주님은 바울 시대에 그러셨던 것처럼 오늘날에도 많은 사람들을 고치고 계십니다(행 19:11-12).

하루는 리버풀에 사는 한 여인이 저에게 와서 말했습니다. "저를 좀 도와주세요. 제 남편은 술주정뱅이인데 매일 밤마다 술에 취해서 집에 옵니다. 저와 함께 그를 위해 기도해주시겠습니까?" 저는 그 여인에게 물었습니다. "손수건을 가지고 있나요?" 그녀가 손수건을 꺼냈을 때, 저는 그 위에 기도했습니다. 그리고 그녀는 그것을 술 취한 남편의 베개에 놓았습니다.

그날 밤 그녀의 남편은 집에 와서 그 손수건이 놓인 베개에 머리를 뉘었습니다. 사실 베개 이상의 것에 머리를 둔 것입니다. 왜냐하면 그는 하나님의 약속 위에 머리를 두었기 때문입니다. 마가복음 11장 24절은 "무엇이든지 기도하고 구하는 것은 받은 줄로 믿으라 그리하면 너희에게 그대로 되리라"고 말씀합니다.

다음날 아침 그 남자는 자리에서 일어나 직장으로 갔습니다. 그는 가는 길에 첫 번째 술집에 들어가서 맥주를 주문했습니다. 맥주를 맛본 그는 바텐더에게 이렇게 말했습니다. "당신은 이 맥주에 독을 넣었군요!" 그는 맥주를 더 마실 수가 없어서 다음 술집에 가서 다시 맥주를 시켰습니다. 맥주를 마신 그는 카운터에 있는 사람에게 이렇게 말했습니다. "당신도 이 맥주에 독을 넣었군요! 당신들은 나를 독살하려고 음모를 꾸미고 있군요." 바텐더는 그의 비난에 분개했습니다. 그는 "다른 데로 가봐야겠군"하고 말했습니다. 그는 다른 술집에 갔지만, 앞서 두 술집에서와 똑같은 일이 일어났습니다. 가는 곳마다 소란을 피운 그는 결국 술집에서 쫓겨났습니다.

그날 저녁에 일을 마친 그는 맥주를 마시려고 또 다른 술집에 갔습니다. 하지만 그는 그곳에서도 바텐더가 자기를 독살하려고 한다는 생각을 했습니다. 또 다시 그는 소란을 피웠고 술집에서 쫓겨났습니다. 집으로 돌아온 그는 아내에게 그날 있었던 일을 이야기하고는 "모든 사람들이 나를 독살하려고 작당을 한 것 같아"라고 말했습니다.

그 말을 들은 아내가 이렇게 말했습니다. "당신은 이 일 가운데 역사하시는 주님의 손을 보지 못하나요? 주님께서 당신을 망가뜨리는 그 술을 싫어하게 만들고 계시다는 것을 모르나요?" 이 말에 그 남자는 찔림을 받았고, 아내를 따라 집회에 참석하여 구원을 받았습니다. 주님은 지금도 여전히 포로 된 자를 자유케 하시는 능력을 가지고 계십니다.

예수님은 기꺼이 가셔서 병든 하인을 고쳐주려 하셨지만 백부장이 말했습니다. "주여 내 집에 들어오심을 나는 감당하지 못하겠사오니 다만 말씀으로만 하옵소서 그러면 내 하인이 낫겠사옵나이다"(마 8:8). 예수님은 이 말을 기뻐하시고 백부장에게 "가라 네 믿은 대로 될지어다"라고 하셨고, 그 즉시 하인이 나음을 입었습니다(마 8:13).

귀신들린 여인과 대면하다

한번은 집에서 200마일 떨어진 곳을 방문해달라는 전문을 받았습니다. 그곳에 도착한 저는 한 여인의 시부모를 만났습니다. 며느리로 인해 무척 마음 아파하던 그들은 계단을 올라가 저를 한 방으로 인도했습니다. 안으로 들어가니 한 젊은 여인이 보였고, 다섯 명의 장정이 그녀를 붙들고 있었습니다. 그녀는 젊고 연약한 여인이었지만, 그녀 안에 있는 존재의 힘은 젊은 장정들보다 더 셌습니다.

제가 방안에 들어가자 악한 영의 세력들이 그녀의 눈을 통해 저를 쳐다보았습니다. 그리고 그들은 그녀의 입술을 통해 이렇게 말했습니다. "우리는 숫자가 많아. 그러니 너는 우리를 쫓아낼 수 없어." 제가 말했습니다. "예수님은 하실 수 있노라."

예수님은 어떤 경우에도 승리하십니다. 주님은 축복의 기회를 기다리고 계십니다. 그분은 영혼을 구원할 수 있는 모든 기회를 이용하십니다. 우리가 예수님을 영접할 때, 다음의 말씀이 우리에게 이뤄집니다. "이는 너희 안에 계신 이가 세상에 있는 자보다 크심이라"(요일 4:4). 그분은 모든 어둠의 세력들보다 훨씬 더 크십니다.

어느 누구도 자신의 힘으로 마귀를 대적할 수 없습니다. 하지만 예수님을 아는 지식으로 충만하고 그분의 임재로 충만하며 그분의 능력으로 충만한 사람은 누구나 어둠의 세력들을 능히 이기고도 남습니다. 우리는 우리를 사랑하시는 이로 말미암아 넉넉히 이길 수 있습니다(롬 8:37).

살아 계신 말씀은 사탄의 세력들을 파괴하실 수 있습니다. 예수님의 이름에는 능력이 있습니다. 저는 거리의 모든 창문에 예수님의 이름을 새기고 싶습니다.

귀신에게 묶인 바 된 이 불쌍한 영혼은 주님의 이름을 믿는 믿음을 통해 고침을 받았습니다. 37마리의 귀신이 나왔으며, 그들은 나올 때마다 자기 이름을 댔습니다. 이 소중한 여인은 완전히 고침을 받았고, 그녀의 가족은 그녀에게 손자를 돌려줄 수 있었습니다. 그날 밤 그 가정에 천국이 임했고, 그녀와 그녀의 시부모와 남편 모두가 하나 되어 주님의 무한한 은혜로 인해 하나님께 영광을 돌렸습니다.

우리의 놀라운 예수님이 함께하시면 모든 것이 경이롭게 변합니다. 만일 여러분이 여러분의 모든 것을 그분께 담대히 맡기면, 놀라운 일들이 일어납니다. 주님은 모든 상황을 바꾸십니다. 예수님의 이름을 통해 순식간에 새로운 질서가 세워질 수 있습니다.

세상에는 계속해서 새로운 질병이 생겨나고, 의사들은 이것을 다 규명하지 못하고 있습니다. 한 의사가 저에게 말했습니다. "의학은 아직 걸음마 단계입니다. 그리고 우리 의사들도 정말 의학에 대해 확신이 없습니다. 우리는 언제나 실험 중입니다."

그러나 하나님의 사람은 실험하지 않습니다. 그는 구속을 알고, 이를 온전히 알아야만 합니다. 그는 주 예수 그리스도의 전능하심을 알고, 또 온전히 알아야만 합니다. 우리는 외적인 관찰의 영향을 받아서는 안 되며, 예수님의 이름에 담긴 전능하심과 그분의 보혈의 능력에 대해 거룩한 계시를 받아야 합니다. 만일 우리가 주 예수 그리스도에 대한 우리의 믿음을 사용한다면, 그분께서 오셔서 모든 어둠의 세력들을 이기시고 영광을 받으실 것입니다.

우리의 질병과 죄를 짊어지신 그리스도

저물매 사람들이 귀신 들린 자를 많이 데리고 예수께 오거늘 예수께서 말씀으로 귀신들을 쫓아 내시고 병든 자들을 다 고치시니 이는 선지자 이사야를 통하여 하신 말씀에 우리의 연약한 것을 친히 담당하시고 병을 짊어지셨도다 함을 이루려 하심이더라 (마 8:16-17)

여러분이 믿기만 하면 역사가 일어납니다. 정말로 역사가 일어납니다. 그분은 우리의 연약한 것을 친히 담당하시고 병을 짊어지셨습니다. 만일 당신이 하나님의 어린 양이 갈보리로 가시는 모습을 볼 수만 있다면 얼마나 좋을까요. 주님은 우리의 모든 죄와 그로 인한 모든 결과들을 짊어지시기 위해 우리와 같은 모습을 취하셨습니다. 갈보리 십자가에서 죄로 인한 모든 결과들이 처리되었습니다.

자녀들은 혈과 육에 속하였으매 그도 또한 같은 모양으로 혈과 육을 함께 지니심은 죽음을 통하여 죽음의 세력을 잡은 자 곧 마귀를 멸하시며 또 죽기를 무서워하므로 한평생 매여 종 노릇 하는 모든 자들을 놓아 주려 하심이니 (히 2:14-15)

Chapter 3

그분을 향한 우리의 담대함

그를 향하여 우리가 가진 바 담대함이 이것이니 그의 뜻대로 무엇을 구하면 들으심이라 우리가 무엇이든지 구하는 바를 들으시는 줄을 안즉 우리가 그에게 구한 그것을 얻은 줄을 또한 아느니라 (요일 5:14-15)

이 놀라운 말씀의 의미를 발견하는 것이 중요합니다. 하나님을 기쁘시게 하는 삶만큼 담대함(confidence)을 주는 것은 없습니다. 다니엘의 삶이 하나님을 기쁘시게 하자 그는 사자 굴에서도 보호하심을 받을 수 있었습니다. 하나님과 예수님 사이에 연합이 있었던 것처럼 우리와 하나님 사이에 그런 완전한 연합이 있기 전에는 담대하게 구할 수가 없습니다. 그 기초는 하나님에 대한 담대함과 충성입니다.

그리스도께서 가지셨던 담대함을 얻으라

어떤 사람들은 예수님께서 나사로의 무덤 앞에서 우신 것이 나사로를 사랑하셔서 그러신 것이라고 생각합니다. 그러나 그렇지 않습니다. 주님은 마르다를 포함하여 무덤 주변에 있는 사람들이 주님께서 아버지께 구하기만 하면 아버지 하나님께서 그것을 주신다는 사실을 깨닫지 못하고 있다는 것을 아셨습니다. 그들이 믿지 않았기 때문에 예수님의 마음은 깨어지고 슬펐습니다. 그래서 주님께서 우셨던 것입니다.

우리는 기도하는 순간 천국이 열린다는 것을 발견합니다. 만일 천국이 열리길 기다려야 한다면 뭔가가 잘못된 것입니다. 우리로 담대함을 잃게 만드는 것은 하나님과 그분의 율법에 대한 불순종입니다.

나사로의 무덤 앞에서 예수님은 그분이 기도하시는 것이 거기에 서 있는 사람들을 위한 것이라고 말씀하셨습니다. 주님은 아버지께서 언제나 자신의 기도를 들으신다는 것을 아셨습니다(요 11:42). 주님은 아버지 하나님이 언제나 자신의 말을 들으신다는 것을 아셨기 때문에 죽은 자도 살아날 수 있다는 것을 아셨습니다.

때로는 우리 앞에 절벽이 서 있는 것처럼 보일 때가 있습니다. 그리고 아무런 느낌이 없을 때가 있습니다. 때로는 한밤중처럼 모든 것이 어둡게 보일 때도 있으며, 하나님에 대한 담대함 외에는 아무것도 없는 것처럼 보일 때가 있습니다. 그럴 때, 우리가 해야 할 일은 하나님은 실패하지 않으시고, 실패하실 수 없다는 것을 믿고 그분께 자신을 드리는 것입니다. 만일 우리의 감정을 의지한다면, 우리는 결코 아무 곳에도 도달하지 못할 것입니다.

감정보다 천 배 더 나은 것이 있습니다. 그것은 강력한 하나님의 말씀입니다. 우리가 위에서 났을 때 우리 안에 거룩한 계시가 임하며, 그것이 진짜 믿음입니다. 새로운 나라 안으로 태어난다는 것은 거듭나 새로운 믿음을 갖게 된다는 것을 의미합니다.

하나님께 유용한 도구가 되는 법

바울은 두 가지 부류의 그리스도인에 대해 말했습니다. 하나는 순종하는 그리스도인이고, 다른 하나는 불순종하는 그리스도인입니다. 순종하는 자들은 언제나 하나님이 말씀하시면 바로 순종합니다. 하나님께서 세상에 하나님이 계시다는 것을 알리실 때 사용하시는 자들이 바로 이들입니다.

우리는 결코 경험해보지 못한 것을 말하지 못합니다. 따라서 하나님은 우리를 사용하시기 전에 훈련의 과정을 거치게 하십니다. 우리 자신이 깨어지지 않으면, 사람들을 하나님의 깊은 것들 가운데로 데리고 갈 수 없습니다. 저는 지금까지 깨어지고, 깨어지고, 또 깨어졌습니다. 하나님을 찬양하십시오. "여호와는 마음이 상한 자를 가까이 하시고"(시 34:18). 하나님의 깊은 것들 가운데로 들어가려면 상한 마음(깨어진 마음)이 있어야 합니다.

믿음의 안식이 있습니다. 믿음은 하나님에 대한 담대함 안에서 안식합니다. 하나님의 약속은 결코 실패하지 않습니다. "그러므로 믿음은 들음에서 나며 들음은 그리스도의 말씀으로 말미암았느니라"(롬 10:17). 하나님의 말씀은 저항할 수 없는 믿음을 창조할 수 있습니다. 그리고 그 믿음은 결코 기죽지 않고, 포기하지 않으며, 실패하지 않습니다.

우리는 하나님 아버지의 공급하심이 얼마나 큰지를 깨닫지 못합니다. 우리는 그분께서 다함이 없는 공급 창고를 가지고 계시다는 사실을 망각합니다. 우리가 많이 구하면 하나님은 기뻐하십니다. "너희가 악한 자라도 좋은 것으로 자식에게 줄 줄 알거든 하물며 하늘에 계신 너희 아버지께서 구하는 자에게 좋은 것으로 주시지 않겠느냐"(마 7:11). 하나님께서 저에게 보여주시는 것은 "더 많이"(much more, 우리말 성경에는 '더 많이'란 단어가 번역되어 있지 않지만, 영어성경에는 '더 많이'란 말이 들어 있다 – 역주)란 말씀입니다.

저는 하나님께서 치유의 계획을 가지고 계시다는 것을 압니다. 그것은 그분에 대한 온전한 담대함을 가질 때 일어납니다. 그런 담대함은 말을 많이 한다고 생기는 것이 아니라 그분과의 사귐에서 생깁니다. 예수님과의 사귐은 매우 놀랍습니다. 중요한 것은 우리가 그분과 교제할 시간을 꼭 내야 한다는 것입니다. 주님과의 사귐은 곧 생명이며, 그것은 설교보다 훨씬 더 좋습니다.

만일 하나님께서 여러분에게 무언가를 하라고 말씀하시면 이를 행하되, 말씀하시는 분이 꼭 하나님이셔야 합니다.

말씀의 소중함

저는 20년 동안 침례교 목회자로 섬긴 분과 일하였습니다. 그는 제가 지금까지 만난 사람 중 가장 사랑스러운 영혼을 소유한 사람 중 하나였습니다. 저는 나날이 연로해가는 그와 함께 일하면서 그의 가르침을 듣곤 했습니다. 하나님은 그를 통해 저에게 좌우에 날선 검과 같은 말씀을 들려주셨으며(히 4:12), 그때마다 저는 "그렇습니다, 주님"이라고 답하곤 했습니다.

성령의 검이 여러분에게 임할 때 결코 이에 대해 강퍅한 마음을 갖지 말고, 그 말씀이 여러분을 관통하도록 허락하십시오. 여러분은 하나님의 말씀에 순복해야 합니다. 말씀은 우리 마음 안에서 사랑을 만들어내며, 실제적인 사랑이 우리 마음에 있을 때 스스로 자랑할 여지가 없어집니다. 우리가 이와 같은 거룩한 하나님의 사랑에 빠지면, 자신을 무가치한 존재로 봅니다.

이 하나님의 사람은 하나님의 말씀을 가지고 저를 다듬고 또 다듬었습니다. 그리고 그때처럼 지금도 하나님의 말씀은 동일하게 달콤합니다.

저는 우리를 쪼개는 성령의 검과 부드러운 양심을 주신 것에 대해 하나님을 찬양합니다. 예수님과 교제하는 것은 얼마나 달콤한지요! 이로 인해 하나님을 찬양합니다. 특히 동료 신자에게 말이나 행동으로 상처를 주어 이를 시정하기 전까지는 결코 안식할 수 없을 경우에는 더욱 그렇습니다. 우리는 돌이켜 어린아이처럼 되어야 하고(마 18:3), 완악한 마음을 제해야 합니다. 즉 하나님의 사랑으로 깨어지고 녹아진 마음을 가져야 합니다.

죽음을 앞둔 여인

제가 앞에서 말한 남자가 저에게 와서 말했습니다. "의사가 제 아내가 하루밖에 살지 못한다고 말했습니다." 저는 그에게 말했습니다. "아, 클라크 형제님, 하나님을 믿지 않으시겠습니까? 당신이 하나님을 믿기만 하면, 그분은 아내를 일으키실 수 있습니다." 그가 대답했습니다. "저는 당신이 말할 때, '아버지 하나님, 저에게 이런 확신을 주신다면 저는 행복할 겁니다'라고 기도했습니다." 제가 말했습니다. "하나님을 믿으실 수 있나요?" 저는 주님께서 그녀를 고쳐주실 것이라는 느낌을 받았습니다.

저는 지인에게 전갈을 보내어 와서 나와 함께 죽어가는 여인에게 갈 수 있는지 물었습니다. 저는 우리 두 사람이 가서 야고보서 5장 14-15절에 따라 그녀에게 기름을 바르면 그녀가 다시 일어날 것이라고 믿었습니다. 그가 말했습니다. "제가 왜 당신에게 가야 합니까? 저는 당신이 가시면 주님께서 분명히 그녀를 고쳐주실 것이라고 믿지만, 저는 믿을 수가 없네요."

저는 다른 사람에게 전갈을 보내어 함께 가자고 부탁했습니다. 이 사람은 오랜 시간 기도할 수 있는 자였습니다. 저는 그에게 꼭 같이 가서 기도하자고 말했고, 결국 그는 저와 함께하였습니다.

우리가 그 집에 들어섰을 때, 저는 이 사람에게 먼저 기도 부탁을

했습니다. 그는 필사적으로 소리치면서 여인이 떠나고 아이들만 남게 되면 남편을 위로해주시고, 그가 이 슬픔을 감당할 수 있게 해달라고 기도했습니다. 저는 그의 기도가 끝날 때까지 기다릴 수가 없을 것 같았습니다. 저는 이렇게 생각했습니다. '이 사람을 여기까지 데려왔는데 고작 이런 기도를 드리다니 참 한심하군!'

이 사람의 문제는 무엇입니까? 그는 하나님을 바라보는 대신 죽어가는 여인을 바라본 것입니다. 곤경에 처한 사람을 바라보면 결코 '믿음의 기도'(약 5:15)를 드릴 수 없습니다. 우리가 바라봐야 할 곳은 오직 한 곳, 예수 그리스도입니다. 주님은 우리가 지금 당장 이 진리를 배워서 계속해서 우리의 눈을 그분께 고정시키길 원하십니다.

이 사람이 기도를 마쳤을 때, 저는 클라크 형제에게 "이제 당신이 기도하십시오"라고 말했습니다. 그는 앞서 기도하던 사람에 이어서 같은 종류의 기도를 드렸습니다. 그는 무거운 짐에 눌려 결코 다시 일어나지 못할 것 같았습니다. 저는 더 이상 참을 수가 없었습니다. 이런 기도들은 지금까지 제가 들었던 기도 중 가장 앞뒤가 맞지 않는 것처럼 보였습니다. 주변 분위기는 완전히 불신으로 가득 차 있었습니다.

저는 격앙되었습니다. 저는 하나님께서 무언가를 행하시기를 간절히 바랐습니다. 저는 침대로 달려가 기름병을 열고 거의 모든 기름을 그녀에게 부었습니다. 그때 침대 위로 만면에 사랑스러운 미소를 가득 머금으신 예수님이 보였습니다. 그래서 저는 그녀에게 "여자여, 예수 그리스도께서 당신을 온전케 하십니다"라고 말했습니다. 그녀는 즉시 완전히 고침을 받고 일어섰으며, 지금까지도 건강하게 잘 살고 있습니다.

사랑하는 여러분, 상황과 증상이 아무리 나쁘다 할지라도 하나님께서 우리의 눈을 이런 상황과 증세에서 돌려 그분께 고정시켜 주시길 기도합니다. 그러면 우리는 '믿음의 기도'를 드릴 수 있을 것입니다.

Chapter 4
포로 된 자에게 자유를

우리의 소중한 주 예수님은 모든 사람을 위해 모든 것을 가지고 계십니다. 죄 사함과 질병의 치유, 그리고 성령 충만. 이 모든 것은 우리 주 예수 그리스도에게서 나옵니다. "어제나 오늘이나 영원토록 동일하신"(히 13:8) 그분의 말씀을 들으십시오. 주님은 자신이 오신 목적을 다음과 같이 선언하십니다.

> 주의 성령이 내게 임하셨으니 이는 가난한 자에게 복음을 전하게 하시려고 내게 기름을 부으시고 나를 보내사 포로된 자에게 자유를, 눈먼 자에게 다시 보게 함을 전파하며 눌린 자를 자유롭게 하고 주의 은혜의 해를 전파하게 하려 하심이라 하였더라 (눅 4:18-19)

예수님께서 요단 강에서 요한에게 세례를 받으셨을 때, 성령께서 비둘기의 형체로 그분에게 임하셨습니다. 성령의 충만함을 받으신 주님은 성령에 이끌리어 광야로 가셨으며, 이는 그곳에서 원수 중의 원수인 마귀를 이기시기 위함이었습니다. 그리고 나서 주님은 성령의 권능 가운데 갈릴리로 돌아오셨고, 회당에서 복음을 전하셨습니다(눅 4:14). 마침내 주님은 그분의 고향인 나사렛에 오셨습니다. 그리고는 앞에서 인용한 말씀 가운데 주님의 미션(mission)을 선포하셨습니다. 주님은 이 땅에서 사역하신 후 그분의 생명을 모든 이를 위한 몸값으로 주셨습니다. 그리고 하나님께서는 예수님을 죽은 자 가운데서 살리셨습니다.

예수님께서 승천하시기 전에 주님은 제자들에게 그들도 성령의 능력을 받을 것이라고 말씀하셨습니다(행 1:8). 제자들을 통해 주님의 은혜로운 사역이 계속될 것이었습니다. 이 성령의 능력은 소수의 사도들만 위한 것이 아니라 멀리 있는 자들, 즉 우리 하나님이 얼마든지 부르시는 자들을 위한 것이었으며(행 2:39), 금세기를 살고 있는 우리를 위한 것이기도 합니다.

어떤 이들은 "하지만 이 능력은 1세기의 소수 특권자들만을 위한 것이 아닌가요?"라고 묻습니다. 그렇지 않습니다. 마가복음 16장 15-18절에 나오는 우리 주님의 지상명령을 읽어보십시오. 그러면 이것이 믿는 자들을 위한 것임을 알게 될 것입니다.

능력의 목적

성령세례를 받은 후에(저는 제가 성령을 받았다는 것을 압니다. 왜냐하면 주님께서 예루살렘에서 제자들에게 주신 것과 똑같이 저에게 성령을 주셨기 때문입니다) 저는 제가 왜 성령세례를 받았는지에 대해 주님의 마음을 알고 싶었습니다.

어느 날 제가 일터에서 집으로 돌아왔을 때, 아내가 이렇게 물었습니다. "어느 문으로 들어오셨어요?" 저는 아내에게 뒷문으로 들어왔다고 말했습니다. 아내가 말했습니다. "위층에 한 여자가 있어요. 그녀는 기도를 받기 위해 80세 먹은 남편을 데려왔어요. 그가 위층에서 소리를 지르고 있어서 많은 사람들이 앞문에 모여서 우리 집에서 무슨 일이 일어나고 있는지 알고 싶어 해요." 그때 주님께서 조용히 속삭이셨습니다. "내가 너에게 성령세례를 준 것은 바로 이것 때문이란다."

저는 주님의 음성에 순종하고 싶은 마음에 조심스레 그 남자가 있는 방문을 열었습니다. 그는 고통 가운데 소리치고 있었습니다. "나는 잃어버린 자야! 나는 잃어버린 자야! 나는 용서받을 수 없는 죄를 저질렀어. 나는 잃어버린 자야! 나는 잃어버린 자야!"

아내가 저를 보며 이렇게 물었습니다. "여보, 어떻게 해야 하죠?" 순간 주님의 성령께서 저를 감동하셔서 제가 "이 거짓말 하는 영아! 나와라!"라고 소리쳤습니다. 악한 영이 나가는 순간 그 남자는 자유해졌습니다. 하나님께서는 사로잡힌 자들을 구해주십니다! 주님께서는 다시 저에게 "내가 너에게 성령세례를 준 것은 바로 이것 때문이란다"라고 말씀하셨습니다.

하나님께서 성령의 권능을 통해 우리 삶에서 대권을 장악하시는 곳이 있습니다. 성령께서는 그리스도의 것을 계시하시고, 펼치시며, 그분의 것을 취하셔서 우리에게 보여주시며(요 16:15), 사탄의 세력을 이길 수 있도록 우리를 준비시키십니다.

오늘날에도 기적이 있다

니고데모가 예수님께 왔을 때, 그는 이렇게 말했습니다. "랍비여 우리가 당신은 하나님께로부터 오신 선생인 줄 아나이다 하나님이 함께 하시지 아니하시면 당신이 행하시는 이 표적을 아무도 할 수 없음이니이다"(요 3:2). 이에 예수님께서 대답하셨습니다. "진실로 진실로 네게 이르노니 사람이 거듭나지 아니하면 하나님의 나라를 볼 수 없느니라"(요 3:3).

니고데모는 예수님의 기적을 보고 놀랐지만, 예수님은 하나님의 나라를 보려는 모든 사람들 안에 기적이 일어나야 할 필요성을 지적하셨습니다. 사람이 하나님에게서 날 때(즉 어둠에서 빛으로 옮겨질 때) 강력한 기적이 행해집니다. 예수님은 하나님의 모든 터치(touch)를 기적으로 보셨습니다. 그러므로 우리도 기적들을 보길 기대해야 합니다. 주의 영이 우리 위에 계신 것은 놀라운 일입니다. 저는 백만 달러를 받느니 차라리 5분 동안 하나님의 영을 소유하겠습니다.

불신을 없애는 해결책

예수님께서 광야에서 마귀를 어떻게 굴복시키셨는지 아십니까?(눅 4:1-14) 예수님은 자신이 하나님의 아들인 것을 아셨습니다. 그런데 사단은 '만일'(if)이란 조건을 달았습니다. 사탄이 여러분에게 이런 식으로 다가온 적이 얼마나 많은가요? 그는 "결국, 너는 속을 수 있어. 너는 네가 정말로 하나님의 자녀가 아니라는 것을 알잖아"라고 말합니다.

만일 마귀가 다가와서 여러분이 구원받지 못했다고 말한다면, 그것은 여러분이 구원받았다는 아주 분명한 표시입니다. 그가 와서 여러분이 치유받지 못했다고 말한다면, 그것은 주님께서 여러분을 치료하셨다는 좋은 증거로 받아들일 수 있습니다(시 107:20).

마귀는 자신이 우리의 생각을 사로잡을 때 완전히 승리했다는 것을 압니다. 그가 가장 잘 쓰는 수법은 생각들을 주입시키는 것입니다. 그러나 우리가 순전하고 거룩하다면, 즉시 이를 피할 것입니다. 하나님은 그리스도 예수 안에 있는 마음, 즉 순전하고 거룩하고 겸손한 그리스도의 마음이 우리 안에 있길 원하십니다(빌 2:5).

저는 가는 곳마다 마귀의 거짓에 묶여 있는 사람들을 만납니다. 이런 상황들은 그들이 마귀에게 그들의 마음에 진을 치도록 허락했기 때문에 생긴 일들입니다. 어떻게 하면 이런 것을 막을 수 있을까요? 주님은 이러한 원수의 진들을 무너뜨리기 위해 하나님으로 말미암는 강력한 무기들을 우리에게 주셨습니다(고후 10:4). 이 무기들을 이용하여 우리는 모든 생각을 사로잡아 그리스도께 복종하게 합니다(고후 10:5). 예수님의 보혈과 그분의 전능하신 이름이 사탄이 우리 마음에 뿌려놓은 모든 교묘한 불신의 씨앗들을 제거하는 해결책입니다.

오늘날에도 행해지는 그리스도의 놀라운 역사들

사도행전 1장에서 예수님은 제자들에게 "아버지께서 약속하신 것을 기다리라"고 명령하십니다(4절). 주님은 제자들에게 몇 날이 못 되어 그들이 성령으로 세례를 받을 것이라고 말씀하셨습니다(5절). 누가는 자신이 앞서 "무릇 예수께서 행하시며 가르치시기를 시작하신 모든 것"(1절)을 기록했다고 말했습니다.

그리스도의 사역은 십자가에서 끝나지 않았습니다. 사도행전과 서신서들은 주님께서 그분이 내주하시는 자들을 통해 계속해서 행하시고 가르치고 계신다는 사실을 설명해줍니다. 주님은 지금도 마음이 상한 자를 고치시고, 그분의 영을 주신 자들을 통해 사로잡힌 자들을 구원하십니다.

한번은 스웨덴에서 기차를 타고 여행을 한 적이 있었습니다. 한 역에 도착하자 어떤 노파가 자기 딸과 함께 승차했습니다. 그 노파의 표정이 너무나 괴로워보였기 때문에 저는 그녀에게 무슨 일이 있는지 물었습니다. 그녀는 지금 자신의 다리를 절단하기 위해 병원에 가는 중이라고 말했습니다. 의사들이 다리를 절단하는 것 외에는 다른 방법이 없다고 했다고 하면서 그녀는 울기 시작했습니다. 당시 그녀는 70세였습니다.

저는 통역에게 "저분에게 예수님이 그녀를 고치실 수 있다고 말해주세요"라고 하였습니다. 그녀에게 이 말을 하자 마치 얼굴에서 수건을 벗긴 것처럼 그녀의 얼굴이 빛났습니다. 다음 역에서 기차가 멈추자 그곳은 사람들로 가득했습니다. 큰 무리가 기차를 타기 위해 달려들었고, 마귀는 저에게 "너는 이제 끝났어"라고 말했습니다. 그러나 저는 이것이 절호의 기회라는 것을 알았습니다. 왜냐하면 어려운 상황은 언제나 주님이 그분의 능력을 나타내심으로 더 큰 영광을 받으실 좋은 기회이기 때문입니다.

모든 시련은 축복입니다. 저도 상황에 심하게 눌린 적이 여러 번 있었습니다. 마치 수십 대의 불도저가 저를 밟고 지나가는 것 같았습니다. 그러나 저는 가장 어려운 상황들이 하나님의 은혜 속으로 도약하는 장소임을 알게 되었습니다. 우리에겐 이렇게 사랑스러운 예수님이 계십니다. 그분은 언제나 자신이 강력한 구원자이심을 입증하십니다. 그분은 우리를 위해 최선의 것들을 행하십니다.

기차가 움직이기 시작하자 저는 쭈그리고 앉아서 예수님의 이름으로 병이 떠날 것을 명령했습니다. 그러자 노파가 소리쳤습니다. "병이 나았어요! 저는 병이 나았다는 걸 알아요!" 그녀는 자신의 발을 구르더니 말했습니다. "제가 나았다는 것을 입증해 보이겠습니다." 다음 역에 도착했을 때 그녀는 이리저리로 뛰어다니며 소리쳤습니다. "저는 병원에 가지 않을 겁니다." 다시 한 번 우리의 놀라운 예수님은 자신이 상처받은 자의 치유자이시며, 묶인 자의 구원자이심을 입증하셨습니다.

놀랍게 치유된 나의 질병

한때 저는 너무나 강력하게 묶여 있어서 인간의 능력은 아무 도움이 되지 않은 적이 있었습니다. 아내는 제가 죽을 것이라고 생각했습니다. 어떤 도움도 소용이 없었습니다. 당시 저는 예수님이 치유자 되심을 희미하게 보았을 때였습니다.

저는 6개월간 맹장염을 앓았는데, 가끔씩 임시로 통증이 완화되곤 했습니다. 저는 제가 사역하던 선교센터로 갔지만, 엄청난 고통 가운데 마룻바닥에 엎어져 집으로 옮겨졌습니다. 밤새도록 기도하며 치유를 간구했지만, 아무런 변화가 없었습니다. 아내는 이제 제가 천국으로 부름을 받을 때라고 확신하고 의사를 부르러 사람을 보냈습니다. 그는 제가 살아날 가능성이 전혀 없다고 말했습니다. 저의 몸은 매우 약해진 상태였습니다. 6개월 동안 맹장염을 앓았기 때문에 몸 전체 시스템이 망가졌고, 이로 인해 그는 수술하기에도 너무 늦었다고 생각했습니다.

그가 떠난 후 한 젊은이와 노파가 우리 집에 왔습니다. 저는 그 노파가 진정한 기도의 여인이라는 것을 알고 있었습니다. 그들은 2층에 있는 저의 방으로 올라왔습니다. 제 방에 들어온 젊은이는 침대로 뛰어오르더니 악한 영이 저에게서 나올 것을 명령했습니다. 그는 "너 마귀야! 나와라! 내가 너에게 예수의 이름으로 나올 것을 명하노라!"고 외쳤습니다. 제가 제 안에 마귀가 있다고 믿지 않는다고 말할 시간조차 없었습니다. 그 일은 예수님의 이름으로 진행되어야 했으며, 결국 그렇게 되었습니다. 저는 즉시 나음을 입었습니다.

저는 일어나 옷을 입고 아래층으로 내려갔습니다. 저는 당시 배관공 일을 하고 있었는데, 아내에게 "일 들어온 것 있어? 나는 지금 괜찮아. 일하러 갈게"라고 말했습니다. 저는 해야 할 일이 있다는 것을 알았습니다. 그래서 연장을 들고 그 일을 하러 갔습니다.

제가 떠난 뒤에 저를 담당하는 의사가 들어와서 모자를 홀에 걸었습니다. 그리고는 침실로 걸어 올라갔습니다. 그런데 환자가 없었습니다. "아, 의사 선생님, 남편은 일하러 나갔어요"라고 아내가 말했습니다. 그 말을 들은 의사는 "당신은 다시는 그가 살아 있는 모습을 보지 못할 겁니다"라고 말했습니다. "사람들이 남편의 시체를 들고 올 겁니다."

글쎄요, 여러분은 지금 그 시체를 보고 계십니다. 그때 이후로 주님은 저에게 세계 여러 나라에서 맹장염에 걸린 사람들을 위해 기도하는 특권을 주셨습니다. 그리고 저는 제가 기도해준 사람들이 15분 이내에 일어나 옷을 입는 광경을 아주 많이 보아왔습니다. 우리에게는 살아 계신 그리스도가 계십니다. 그리고 그분은 모든 곳에서 사람들을 만나주십니다.

죽어가는 신부

8년 전에 저는 케르 형제로부터 자이온 시티에 사는 쿡이라는 형제를 소개하는 편지를 받았습니다. 저는 그 편지를 가지고 쿡 형제를 찾아갔습니다. 그러자 그가 "하나님께서 당신을 이곳에 보내셨네요"라고 말했습니다. 그는 저에게 여섯 사람의 주소를 알려주고는 그들을 위해 기도해준 후에 12시에 다시 만나자고 했습니다.

기도를 마치고 12시 30분에 돌아온 저에게 그는 다음주 월요일에 결혼하기로 되어 있는 한 젊은이에 대해 말해주었습니다. 그의 사랑하는 신부가 맹장염으로 죽어가고 있다는 것이었습니다. 제가 그 신부의 집에 가자 의사가 방금 다녀가면서 그녀가 살 가망이 없다고 했다는 소식을 들었습니다. 그 소식에 충격을 받은 그녀의 어머니는 머리를 부여잡고는 이렇게 말했습니다. "고칠 방도가 전혀 없단 말인가요?" 저는 그녀에게 "여자여, 하나님을 믿으십시오. 그러면 당신의 딸은 15분 이내에 나음을 입고 일어나 옷을 입게 될 것입니다"라고 말했습니다. 그러나 그녀의 어머니는 계속해서 소리를 질렀습니다.

다른 가족들이 저를 침실로 데려갔습니다. 저는 환자를 위해 기도했고, 예수님의 이름으로 악한 영에게 떠날 것을 명령했습니다. 그러자 그녀가 소리쳤습니다. "저의 병이 나았어요!" 저는 그녀에게 말했습니다. "당신은 당신이 나았다는 것을 제가 믿길 원하십니까? 그렇다면 자리에서 일어나십시오." 그녀가 말했습니다. "이 방에서 나가주세요. 그러면 제가 일어나겠습니다."

10분도 채 안 되어 의사가 왔습니다. 그는 무슨 일이 일어났는지 알고 싶어 했습니다. 그녀가 말했습니다. "어떤 사람이 들어와 저를 위해 기도했는데 제가 나았습니다." 그 의사는 그동안 통증이 심했던 부위를 손가락으로 눌렀습니다. 그러나 그녀는 신음소리를 내거나 소리치지 않았습니다. 의사가 말했습니다. "이것은 하나님이 하신 일입니다." 그가 이 사실을 인정하든 안 하든 차이가 없습니다. 저는 하나님께서 역사하셨다는 것을 알았습니다.

우리 하나님은 실제로 존재하십니다. 그리고 그분은 지금도 구원하시고 병을 고치십니다. 예수님은 '어제나 오늘이나 영원토록'(히 13:8) 동일하십니다. 주님은 과거에 그러셨던 것처럼 오늘날에도 구원하시고 병을 고치십니다. 그리고 주님은 여러분의 구세주와 치유자가 되길 원하십니다.

여러분이 하나님을 믿기만 한다면 얼마나 좋을까요? 그럴 때 무슨 일이 일어날까요? 가장 위대한 일들이 일어납니다. 어떤 이들은 한 번도 하나님의 은혜를 경험해본 적이 없고, 하나님의 평화를 누려본 적이 없습니다. 믿지 않으면 이런 축복을 빼앗깁니다. 말씀을 들었지만, 아직도 그 진리를 인지하지 못할 수 있습니다. 말씀을 읽지만, 그것이 주는 생명에 동참하지 못할 수 있습니다. 그러므로 성령께서 말씀을 펼쳐 주시고 우리에게 그리스도 안에 있는 생명을 가져다주시도록 해야 합니다. 우리는 성령의 충만함을 받기 전에는 결코 이 구속의 경이로움을 온전히 이해할 수 없습니다.

성적인 범죄로 인한 질병

한번은 제가 오후 집회를 인도할 때, 주님께서 은혜를 부어주셨고, 많은 사람들이 하나님의 능력으로 병 고침을 받았습니다. 대부분의 사람들이 집에 갔는데, 한 젊은이가 남아서 저와 이야기를 하고 싶어 하는 눈치였습니다. 저는 "뭘 원하시나요?"라고 물었습니다. 그는 "저를 위해 기도해달라고 부탁해도 되는지 모르겠습니다"라고 말했습니다. 제가 말했습니다. "뭐가 문제지요?" 그는 "냄새가 나지 않나요?"라고 말했습니다.

알고 보니 그 젊은이는 성적인 죄를 범해서 그로 인해 병으로 고생하고 있었습니다. 그가 말했습니다. "저는 두 병원에서 쫓겨났습니다. 그리고 온몸이 곪아 터졌어요. 저의 전신에 종기가 나 있습니다." 저는 그의 코도 심하게 곪은 것을 볼 수 있었습니다. 그가 말했습니다. "저는 당신이 설교하는 것을 들었지만, 이 병을 고치는 일에 대해서는 이해가 되지 않았습니다. 저에게도 가망성이 있을지 의문이 들었습니다."

저는 그에게 "당신은 예수님을 아십니까?"라고 물었습니다. 그는 구원에 대해서는 전혀 아는 바가 없었습니다. 하지만 저는 그에게 "가만히 서 계십시오"라고 말했습니다. 저는 그에게 안수하고 예수님의 이름으로 그 무서운 병을 저주했습니다. 그러자 그가 소리쳤습니다. "저는 저의 병이 나은 걸 알아요. 저의 몸 전체에서 어떤 열기가 느껴져요."

저는 그에게 이렇게 물었습니다. "누가 이 일을 행하셨죠?" 그가 말했습니다. "당신의 기도가 그랬죠." 제가 말했습니다. "아닙니다! 예수님이 행하셨습니다!" 그러자 그가 말했습니다. "예수님이 했다고요? 오, 예수! 예수! 예수님, 저를 구원하소서." 그날 그 젊은이는 병 고침과 구원을 받고 갔습니다. 아, 우리 하나님은 얼마나 자비로우신지요! 우리 주님은 얼마나 놀라운 분이신지요!

구원의 자리

혹시 눌려 계십니까? 하나님께 외치십시오. 우리가 주님께 소리쳐 외치는 것은 언제나 좋은 것입니다. 여러분도 소리쳐야 할지 모릅니다. 성령과 하나님의 말씀은 드러나야 할 모든 숨겨진 더러운 것들에게 빛을 비춥니다. 여러분이 하나님께서 인생을 망치고 있는 것들을 찾아내시도록 허락해드리면, 언제나 그곳은 구원의 자리가 될 것입니다.

회당에 있는 사람 안에 있던 악한 영은 "우리가 당신과 무슨 상관이 있나이까?"(막 1:24)라고 소리쳤습니다. 이 악한 영이 예수님께서 그곳에 들어오시기 전에는 이처럼 한 번도 소리친 적이 없다는 것은 주목할 만한 부분입니다. 예수님은 그 영을 꾸짖으시며 이렇게 말씀하셨습니다. "잠잠하고 그 사람에게서 나오라"(막 1:25). 그러자 그 사람이 고침을 받았습니다. 주님은 악의 세력들을 드러내시고, 이들에게 사로잡힌 자들을 구원하시며, 눌린 자들을 풀어주시고, 그들을 정결케 하시며, 그들의 마음을 깨끗하게 하십니다.

거라사 광인 안에 있던 악한 영들은 군대 귀신으로서 그들의 때가 이르기 전에 무저갱에 보내지길 원치 않았습니다. 그래서 그들은 돼지 떼에 들어가게 해달라고 소리쳤습니다(눅 8:27-35). 지옥은 그처럼 무서운 곳이어서 심지어 귀신들도 그곳에 가는 것을 생각조차 하길 싫어합니다. 그렇다면 사람들은 이 무저갱에서 구원을 받기 위해 얼마나 더 많이 구해야 하겠습니까?

하나님은 긍휼하시기에 "너희는 여호와를 만날 만한 때에 찾으라"(사 55:6)고 말씀하십니다. 나아가 그분은 "누구든지 주의 이름을 부르는 자는 구원을 받으리라"(행 2:21)고 말씀하십니다. 지금 그분을 찾으십시오. 지금 당장 그분의 이름을 부르십시오. 거기에는 용서와 치유, 구속과 고침이 있습니다. 그것은 지금 이곳에서 여러분이 필요로 하는 모든 것이며, 여러분을 영원히 만족시켜 줄 것들입니다.

Chapter 5

하나님을 믿으라! 그리고 명령하라!

내가 진실로 진실로 너희에게 이르노니 나를 믿는 자는 내가 하는 일을 그도 할 것이요 또한 그보다 큰 일도 하리니 이는 내가 아버지께로 감이라 너희가 내 이름으로 무엇을 구하든지 내가 행하리니 이는 아버지로 하여금 아들로 말미암아 영광을 받으시게 하려 함이라 내 이름으로 무엇이든지 내게 구하면 내가 행하리라 (요 14:12-14)

이 얼마나 놀라운 말씀입니까! 하나님의 말씀은 우리를 변화시킵니다. 그리고 우리는 그분과의 교제 가운데로 들어갑니다. 우리는 확신 가운데로 들어가고 하나님처럼 됩니다. 왜냐하면 우리는 진리를 보고 믿기 때문입니다. 믿음은 힘을 발휘하는 능력입니다.

하나님은 명철을 여시고 자신을 계시하십니다. "그러므로 … 은혜에 속하기 위하여 믿음으로 되나니"(롬 4:16). 은혜는 우리에게 내려오는 하나님의 축복입니다. 우리가 믿음의 행위로 하나님께 문을 열면, 하나님은 그분이 원하시는 모든 것을 행하십니다.

예수님은 사람들의 마음을 그분께로 이끄십니다. 그들은 주님께 그들의 모든 필요를 가지고 나왔습니다. 그러자 주님은 그 모든 것을 풀어 공급해주셨습니다. 주님은 사람들과 이야기하셨고, 병자를 고쳐주셨으며, 눌린 자를 풀어주셨고, 귀신들을 쫓아내셨습니다. "나를 믿는 자는 내가 하는 일을 그도 할 것이요"(요 14:12).

거룩한 하나님의 생명의 본질은 믿음으로 말미암아 우리 안에 있습니다. 믿는 자에게 이 생명이 이뤄질 것입니다. 우리는 하나님의 능력으로 말미암아 초자연적인 존재가 되었습니다. 만일 여러분이 믿는다면, 원수 마귀의 권세는 설 수가 없습니다. 왜냐하면 하나님의 말씀이 그를 대적하기 때문입니다.

예수님은 믿음이 능력을 발휘할 수 있도록 우리에게 그분의 말씀을 주셨습니다. 만일 여러분이 마음으로 믿는다면, 여러분이 원하는 것이 무엇이든 말하기 시작하십시오. 그러면 말한 것들이 이뤄집니다. 여러분이 마음으로 믿은 후에 무엇을 말하든지 그것을 얻게 될 것입니다(막 11:23-24). 믿으십시오. 그리고 말하십시오. 왜냐하면 의심하지 않는다면, 여러분이 말한 것이 무엇이든 얻게 될 것이기 때문입니다.

얼마 전에 잉글랜드에서 하나님의 권능이 집회에 임했습니다. 저는 사람들에게 그들이 고침을 받을 수 있다고 말했습니다. 저는 그들이 자리에서 일어나면 제가 그들을 위해 기도해줄 것이고, 그러면 주님께서 그들을 고쳐주실 것이라고 말했습니다.

    그날 갈비뼈가 부러진 남자가 고침을 받았습니다. 그러자 14살 난 소녀가 "저를 위해 기도해주시겠어요?"라고 말했습니다. 제가 그녀를 위해 기도한 후에 그녀가 이렇게 말했습니다. "엄마, 지금 병이 낫고 있어요." 그녀는 다리에 보조기를 달고 있었는데, 보조기를 떼자 하나님께서 그녀를 그 자리에서 즉시 고쳐주셨습니다. 하나님을 믿으십시오. 그러면 여러분이 믿은 그대로 될 것입니다.

Chapter 6

묶고 푸는 권세

바리새인과 사두개인들이 와서 예수를 시험하여 하늘로부터 오는 표적 보이기를 청하니 예수께서 대답하여 이르시되 너희가 저녁에 하늘이 붉으면 날이 좋겠다 하고 아침에 하늘이 붉고 흐리면 오늘은 날이 궂겠다 하나니 너희가 날씨는 분별할 줄 알면서 시대의 표적은 분별할 수 없느냐 악하고 음란한 세대가 표적을 구하나 요나의 표적 밖에는 보여 줄 표적이 없느니라 하시고 그들을 떠나 가시니라 (마 16:1-4)

바리새인과 사두개인들은 예수님을 시험하여 하늘로부터 오는 표적을 보여달라고 했습니다. 주님은 그들이 하늘에 나타나는 표적은 분별할 줄 알면서 시대의 표적은 분별하지 못한다고 말씀하셨습니다. 주님은 불신에서 나온 그들의 호기심을 만족시키기 위해 표적을 행하지 않으셨습니다. 오히려 악하고 음란한 세대가 표적을 구하나, 선지자 요나의 표적 외에는 보여줄 것이 없다고 말씀하십니다. 악하고 음란한 세대는 요나의 이야기에 넘어집니다. 하지만 이 이야기에서 우리는 주 예수 그리스도의 죽으심과 장사되심 그리고 부활의 놀라운 그림을 볼 수 있습니다.

하나님의 선하심을 기억하라

바리새인들과 헤어지신 후 예수님께서 제자들에게 말씀하셨습니다. "삼가 바리새인과 사두개인들의 누룩을 주의하라"(마 16:6). 제자들은 이 문제를 논의하며 자신들이 떡을 가지고 오지 않은 문제로 고민했습니다. 그러자 예수님께서 "믿음이 작은 자들아"라고 말씀하셨습니다(마 16:8). 주님은 그분과 오랜 기간 함께한 제자들이 여전히 믿음에 대한 이해가 부족한 모습을 보시며 크게 실망하셨습니다. 그들은 주님이 말씀하신 심오한 영적 진리를 이해할 수 없었기 때문에 단지 떡을 가져오지 않은 것만 생각할 수밖에 없었습니다. 그래서 예수님은 그들에게 다음처럼 말씀하셨습니다.

믿음이 작은 자들아 어찌 떡이 없으므로 서로 논의하느냐 너희가 아직도 깨닫지 못하느냐 떡 다섯 개로 오천 명을 먹이고 주운 것이 몇 바구니며 떡 일곱 개로 사천 명을 먹이고 주운 것이 몇 광주리였는지를 기억하지

못하느냐 (마 16:8-10)

    과거에 하나님께서 여러분을 얼마나 은혜롭게 대하셨는지를 기억하십니까? 하나님은 우리 모두를 위해 놀라운 일들을 행하셨습니다. 만일 우리가 이것들을 마음에 간직한다면, 우리는 믿음으로 견고하여 질 것입니다(롬 4:20). 우리는 모든 일에 있어서 사탄을 대적할 수 있습니다. 주님께서 여기까지 인도하셨다는 것을 기억하십시오.
    여호수아가 요단 강을 마른 땅처럼 건넜을 때, 그는 백성들에게 12개의 돌을 들어다 길갈에 쌓으라고 말했습니다. 이 돌은 이스라엘 자손들에게 그들이 요단 강을 마른 땅처럼 건넜다는 사실을 계속해서 상기시켜 주었습니다(수 4:20-24). 예수님께서 제자들에게 그분의 전능하신 능력을 얼마나 많이 보여주셨습니까? 그런데도 그들은 이를 믿는 데 실패했습니다.

예수님의 말씀의 능력

한번은 예수님께서 베드로와 다음과 같은 대화를 나누셨습니다.

시몬아 네 생각은 어떠하냐 세상 임금들이 누구에게 관세와 국세를 받느냐 자기 아들에게냐 타인에게냐 베드로가 이르되 타인에게니이다 예수께서 이르시되 그렇다면 아들들은 세를 면하리라 그러나 우리가 그들이 실족하지 않게 하기 위하여 네가 바다에 가서 낚시를 던져 먼저 오르는 고기를 가져 입을 열면 돈 한 세겔을 얻을 것이니 가져다가 나와 너를 위하여 주라 하시니라 (마 17:25-27)

베드로는 평생 고기를 잡았지만, 한 번도 입에 은전을 문 고기를 잡아본 적이 없었습니다. 그러나 주님께서는 우리가 이성적으로 사고하길 원치 않으십니다. 왜냐하면 육신의 이성은 언제나 우리를 불신 가운데로 인도하기 때문입니다. 주님은 우리가 단순히 순종하길 원하십니다. 베드로는 낚시 바늘에 미끼를 끼면서 "이건 어려운 일인데. 그러나 주님께서 하라 하셨으니 해봐야지"라고 말했을 것입니다. 그리고 그는 바다에 낚시를 던졌습니다. 그 바다에는 수많은 물고기가 있었을 것입니다. 그런데 모든 물고기가 뒤로 물러나 미끼를 그대로 두고 입에 돈을 문 고기가 와서 그것을 물도록 해야 했습니다.

주님의 말씀이 믿음에 대한 교훈을 가르치고 있다는 것을 아시겠습니까? 주님이 무엇을 말씀하시든 그것이 이뤄지지 않을 수는 없습니다. 그분의 모든 말씀은 영이요, 생명입니다(요 6:63). 만일 여러분이 그분을 믿는다면, 하나님이 주신 모든 말씀이 생명이라는 것을 알게 될 것입니다. 하나님을 가까이 하고 그분의 말씀을 단순한 믿음으로 받는다면, 언제나 여러분의 영과 혼뿐만 아니라 몸으로도 그 효과를 경험할 것입니다.

제가 웨일즈의 카디프에 있을 때, 한 여인이 찾아왔습니다. 그녀의 몸은 종기로 가득하였는데, 이 문제로 거리에서 두 번이나 쓰러졌습니다. 그녀가 집회에 왔을 때, 그녀 안의 악한 세력이 그녀를 그 자리에서 죽이려고 하는 것 같았습니다. 그녀는 쓰러졌고, 마귀의 능력이 그녀를 심하게 공격했습니다. 무기력한 그녀는 당장 죽을 것 같았습니다.

저는 소리쳤습니다. "오, 하나님, 이 여인을 도와주십시오." 그런 뒤에 저는 예수님의 이름으로 그 악한 세력을 꾸짖었습니다. 그러자 주님께서 즉시 그녀를 고쳐주셨습니다. 그녀는 자리에서 일어나 큰 일을 행하였습니다. 그녀는 자신의 몸에서 역사하는 하나님의 능력을 느꼈고, 계속해서 간증하고 싶어 했습니다.

3일 후에 그녀는 다른 지역으로 가서 주님의 치유의 능력을 증거하기 시작했습니다. 그녀는 저에게 와서 이렇게 말했습니다. "저는 주님의 병 고치는 능력에 대해 증거하고 싶습니다. 혹시 이 주제에 대한 논문을 가지고 계신가요?" 저는 그녀에게 저의 성경을 건네주면서 말했습니다. "마태복음, 마가복음, 누가복음, 요한복음. 이 모든 책들이 치유에 대한 최고의 논문입니다. 이 책에는 예수님이 병을 고치신 사건들로 가득합니다. 사람들이 이 책들을 읽고 믿기만 한다면, 그들은 반드시 하나님의 역사를 이루게 될 것입니다."

사람들이 부족한 부분이 바로 이것입니다. 믿음이 부족한 이유는 하나님의 말씀을 먹지 않기 때문입니다. 여러분은 날마다 말씀을 먹어야 합니다. 어떻게 하면 믿음의 생명 가운데로 들어갈 수 있을까요? 살아 계신 그리스도를 취하십시오. 말씀은 그분으로 가득합니다. 여러분이 계속해서 살아 계신 그리스도의 놀라운 임재와 그분에 관한 영광스러운 사실로 충만해지면, 하나님에 대한 믿음이 여러분 안에 솟아오를 것입니다. "그러므로 믿음은 들음에서 나며 들음은 그리스도의 말씀으로 말미암았느니라"(롬 10:17).

하나님께로부터 받은 개인적인 계시

예수님은 제자들에게 사람들이 자신을 누구라고 하는지 물어보셨습니다. 그들은 예수님께 "더러는 세례 요한, 더러는 엘리야, 어떤 이는 예레미야나 선지자 중의 하나라 하나이다"라고 대답했습니다(마 16:14). 그런 뒤에 주님은 제자들에게 그들이 주님을 어떻게 생각하는지 물으셨습니다. "너희는 나를 누구라 하느냐"(마 16:15). 이에 베드로가 대답했습니다. "주는 그리스도시요 살아 계신 하나님의 아들이시니이다"(마 16:16). 그러자 예수님께서 그에게 말씀하셨습니다. "바요나 시몬아 네가 복이 있도다 이를 네게 알게 한 이는 혈육이 아니요 하늘에 계신 내 아버지시니라"(마 16:17).

그렇습니다. 이렇게 간단합니다. 여러분은 주님을 누구라고 생각하십니까? 그분은 누구십니까? 여러분은 베드로와 함께 "주는 그리스도시요 살아 계신 하나님의 아들이시니이다"라고 말하십니까? 이것을 어떻게 알 수 있습니까? 주님이 여러분에게 계시되어야 합니다. 혈과 육으로는 그분을 알 수 없습니다. 그것은 내적인 계시입니다.

하나님은 자기 아들을 우리 안에 계시하시고, 우리가 그분의 내적인 임재를 의식하길 원하십니다. 여러분은 "저는 그분이 저의 것임을 압니다. 그분은 저의 것입니다! 그분은 저의 것입니다!"라고 외칠 수 있습니다. "아들과 또 아들의 소원대로 계시를 받는 자 외에는 아버지를 아는 자가 없느니라"(마 11:27). 여러분이 하나님의 아들에 대한 강력한 계시를 얻을 때까지 그리고 그 내적 계시가 여러분을 감동하여 언제나 "견실하며 흔들리지 말고 항상 주의 일에 더욱 힘쓰는"(고전 15:58) 자리에 이를 때까지 하나님을 구하십시오.

이 계시에는 강력한 능력이 있습니다. 베드로가 예수님께 "주는 그리스도이십니다"(마 16:16)라고 고백했을 때, 주님께서 다음과 같이 대답하셨습니다.

> 또 내가 네게 이르노니 너는 베드로라 내가 이 반석 위에 내 교회를 세우리니 음부의 권세가 이기지 못하리라 내가 천국 열쇠를 네게 주리니 네가 땅에서 무엇이든지 매면 하늘에서도 매일 것이요 네가 땅에서 무엇이든지 풀면 하늘에서도 풀리리라 (마 16:18-19)

베드로가 반석이었습니까? 몇 분 뒤에 그는 마귀의 영향을 받아 주님께서 그에게 "사탄아 내 뒤로 물러 가라 너는 나를 넘어지게 하는 자로다"라고 말씀하셨습니다(마 16:23). 이 반석은 그리스도이셨습니다. 그분이 반석이십니다. 이를 확증해주는 성경말씀이 여러 군데 있습니다. 그리고 주님은 그분이 그리스도이심을 아는 모든 자에게 믿음의 열쇠를 주십니다. 그것은 묶을 수 있는 능력이며, 또한 풀 수 있는 능력입니다. 이 사실을 가지고 여러분의 마음을 세우십시오. 하나님은 우리가 이 진리에 대해 그리고 이 진리 안에 내포된 모든 능력에 대해 내적인 계시를 갖길 원하십니다.

하나님의 능력을 놀랍게 드러내다

"내가 이 반석 위에 내 교회를 세우리니 음부의 권세가 이기지 못하리라"(마 16:18). 하나님은 우리가 이 반석 위에 서서 그분이 변함 없으신 분이라는 사실을 믿을 때 기뻐하십니다. 여러분이 하나님을 믿으려 한다면, 모든 악한 세력들에게 저항할 수 있습니다. 제가 그분을 믿었을 때, 가장 놀라운 일들을 경험했습니다.

어느 날 저는 기차를 타고 여행을 하고 있었습니다. 그런데 그 객실에는 질병으로 인해 매우 고통스러워하는 두 사람이 타고 있었습니다. 그들은 어머니와 딸 사이였습니다. 저는 그들에게 말했습니다. "보십시오. 이 가방 안에는 이 세상에 있는 모든 질병을 고칠 수 있는 것이 들어 있습니다." 저의 말을 들은 그들은 매우 흥미로워했습니다. 그래서 저는 계속해서 그들에게 결코 질병을 제거하는 데 실패한 적이 없는 치료제에 대해 더 많은 것을 이야기했습니다. 마침내 그들은 용기를 내어 그 치료제를 달라고 하였습니다. 그래서 저는 제 가방을 열고 성경을 꺼내어 다음의 구절을 읽어주었습니다. "나는 너희를 치료하는 여호와임이라"(출 15:26).

하나님의 말씀은 결코 실패하지 않습니다. 여러분이 그분을 믿기만 하면, 그분은 언제나 여러분을 고쳐주십니다. 인간은 어디에서나 스스로 병을 고칠 수 있는 방법을 찾고 있지만, 길르앗의 유향(Balm of Gilead)이 가까이 있다는 사실을 무시합니다. 제가 이 놀라운 의사에 대해 말할 때 그 모녀의 믿음이 주님께로 향했고, 주님은 열차 안에서 두 사람을 모두 고쳐주셨습니다.

하나님은 그분의 말씀을 매우 소중하게 만드셨습니다. 저는 이 세상을 다 준다고 해도 이 말씀을 떠나지 않을 것입니다. 말씀 안에 생명이 있습니다. 성경 안에 능력이 있습니다. 저는 그 안에서 그리스도를 발견하였습니다. 그분은 저의 영, 혼, 육에 꼭 필요하신 분입니다. 성경은 저에게 그분의 이름의 능력과 그분의 보혈의 깨끗케 하는 능력에 대해 말해줍니다. "젊은 사자는 궁핍하여 주릴지라도 여호와를 찾는 자는 모든 좋은 것에 부족함이 없으리로다"(시 34:10).

한번은 한 남자가 작은 여인을 따라 저를 찾아왔습니다. 저는 "무슨 문제가 있지요?"라고 물었습니다. 그녀는 "그는 취직을 해도 매번 실직합니다. 그는 술과 니코틴에 중독되어 노예가 되었습니다. 그는 명석하고 지적이지만, 이 두 가지에 노예가 되어 있습니다"라고 말했습니다.

저는 주님께서 우리에게 묶고 푸는 권세를 주셨다는 말씀이 생각났습니다. 그래서 그에게 혀를 내밀라고 말했습니다. 그리고 저는 주 예수 그리스도의 이름으로 그로 하여금 이런 것들을 좋아하게 만드는 악한 세력들을 쫓아냈습니다. 저는 그에게 "보십시오. 당신은 오늘 자유케 되었습니다"라고 말했습니다. 그는 구원을 받지 못했지만, 치유 과정 중에 주님의 능력을 깨달았기 때문에 집회에 참석해서 자신이 죄인임을 인정하고 구원과 세례를 받았습니다.

며칠 후에 저는 그에게 "요즘 어떠신가요?"라고 물었습니다. 그는 "저는 고침을 받았습니다"라고 말했습니다. 하나님께서는 우리에게 묶고 푸는 권세를 주셨습니다.

또 한 사람이 찾아와 말했습니다. "저를 위해 뭘 해주실 수 있죠? 저는 16번의 수술을 받았고 고막을 제거했습니다." 제가 말했습니다. "하나님은 고막을 만드시는 법을 잊지 않으셨습니다." 그녀는 너무 귀가 먹어서 대포 소리가 나도 듣지 못할 것이라고 생각했습니다. 저는 그녀에게 기름을 바르고 기도했습니다. 그리고 주님께 고막을 재생해달라고 구했습니다. 그러나 그녀는 이전처럼 그대로 귀머거리였습니다. 그러나 그녀는 다른 사람들이 고침을 받고 기뻐하는 모습을 보았습니다. "하나님이 그가 베푸실 은혜를 잊으셨는가?"(시 77:9)

그녀는 다음날 밤에도 집회에 와서 말했습니다. "저는 오늘밤 하나님을 믿으러 왔습니다." 여러분도 다른 생각을 품고 오지 않도록 조심하십시오. 저는 그녀를 위해 다시 기도했고, 그녀의 귀가 예수의 이름으로 풀리도록 명령했습니다. 그녀는 믿었고, 그녀가 믿는 순간 들을 수 있게 되었습니다. 그녀는 의자 위에서 펄쩍펄쩍 뛰었으며, 선포하기 시작했습니다. 나중에 제가 핀을 떨어뜨렸을 때, 그녀는 마루에 핀이 떨어지는 소리를 들었습니다. 하나님은 우리에게 새로운 고막을 주실 수 있습니다. "하나님으로서는 다 할 수 있느니라"(마 19:26). 하나님은 최악의 환자도 구원하실 수 있습니다.

낙담한 자여, 주님을 바라보시고 빛을 발하십시오(시 34:5). "네 짐을 여호와께 맡기라 그가 너를 붙드시고"(시 55:22). 지금 주님을 바라보십시오.

Chapter 7

주는
그리스도
이십니다

여러분을 다시 만나게 돼서 얼마나 기쁜지 모릅니다. 우리는 오늘 오후에 살아 계신 그리스도를 만나게 될 것입니다. 하나님은 그분의 교회를 이 반석 위에 세우고 계십니다. 그리고 지옥의 권세가 이를 이기지 못할 것입니다(마 16:18).

우리는 어제보다 오늘 더 확신에 차 있습니다. 하나님은 이 믿음 가운데 우리를 세우고 계십니다. 그래서 우리는 더 큰 기대감을 가지고 살고 있습니다. 주님은 지금 우리를 그분이 계신 곳으로 데려가고 계십니다. 그리고 그곳에서 우리는 "나는 하나님을 보았다"라고 말할 수 있습니다.

저는 지금까지 계속해서 그리고 지금 이 순간에도 주님께서 말씀을 통해 뭔가 불같은 것을 보내주시길 간구하고 있습니다. 그것은 우리의 마음에 살아 있으며, 우리와 함께 영원히 거할 것입니다. 하나님으로부터 살아 있는 터치와 새로운 능력의 영감과 그 사랑을 깊이 경험하기 위해 날마다 우리가 결코 뽑힐 수 없는 새로운 기초를 놓는 것이 중요합니다.

진정한 성공을 위한 열쇠

저는 마태복음 16장을 묵상하고 있습니다. 이 장은 주님께서 제자들에게 "너희는 나를 누구라 하느냐?"(마 16:15)라고 질문하셨을 때 베드로가 한 대답을 담고 있습니다. 베드로는 "주는 그리스도시요 살아 계신 하나님의 아들이시니이다"라고 대답했습니다(마 16:16). 사랑하는 친구들이여, 여러분은 주님을 아십니까? 이 계시가 여러분의 마음에도 임했습니까? 여러분은 그분을 주님이라고 부르십니까? 그분이 여러분의 것이라는 사실에 위로를 받으십니까?

"너희는 나를 누구라 하느냐?" 주님은 그들에게 물어보시기 전에 이미 그들이 무엇을 생각하는지 다 아셨습니다. 이런 사실로 인해 저는 정말 더욱 더 진실해지고 싶습니다. 하나님은 저의 마음을 들여다보시고, 저의 생각들을 읽으십니다.

예수님께서 베드로에게 하신 말씀에는 무언가가 있으며, 이는 우리 모두에게 해당됩니다. "바요나 시몬아 네가 복이 있도다 이를 네게 알게 한 이는 혈육이 아니요 하늘에 계신 내 아버지시니라"(마 16:17). 만일 여러분이 예수님을 주라 부를 수 있다면, 그것은 성령으로 말미암은 것입니다(고전 12:3). 그러므로 우리 안에는 "주님은 그리스도이십니다"라는 진실한 응답이 있어야만 합니다(마 16:16). 우리가 마음에서 우러나와 이것을 말할 수 있다면 우리는 우리가 혈육에서 난 것이 아니요, 살아 계신 하나님의 성령으로 났다는 것을 압니다(요 3:5-6).

여러분이 처음으로 하나님에게서 났다는 것을 알았을 때로 돌아간다면, 당시 여러분의 마음속에 아버지 하나님을 향한 깊은 갈망이 있었다는 것을 알게 될 것입니다. 여러분은 여러분에게 하늘 아버지가 계시다는 것을 발견했습니다. 만일 여러분이 인생에서의 진정한 성공을 알기 원한다면, 그것은 "주는 그리스도이시니이다"라는 이 지식 때문입니다. 이 지식은 반석과 같은 기초이며, 지옥의 권세가 이를 이기지 못할 것입니다(마 16:18). "내가 천국 열쇠를 네게 주리니"(마 16:19).

오늘 오후에 제가 말씀드리고 싶은 것은 이 반석, 이 복된 진리의 기초에 관한 것입니다. 즉 하나님께서 우리를 개인적으로 받아주셨다는 이 지식과 우리가 들어가게 된 믿음의 생활에 대해 말씀드리겠습니다. 우리가 살아 있는 믿음을 가지게 된 것은 이 반석과 같은 기초 때문이므로 우리는 이 기초를 전복시킬 수 없습니다. 예수님은 우리에게 묶고 푸는 권세를 주셨습니다(마 16:19). 이 반석과 같은 기초에 이른 사람은 누구나 이렇게 행할 수 있습니다.

저는 여러분이 이 집회를 떠나실 때에 자신이 이 반석과 같은 기초 위에 서 있고, 묶고 풀 수 있다는 사실을 알기 원합니다. 또한 이처럼 살아 있는 믿음을 가지고 있기 때문에 여러분이 기도하면 하나님이 하신 약속 때문에 응답을 받게 된다는 사실을 알기 원합니다. 우리 믿음의 기초는 이 반석이어야 합니다. 그러면 그것은 결코 실패하지 않을 것입니다. 하나님은 그것을 영원히 세우셨습니다.

영적 권세를 얻는 방법

이 때로부터 예수 그리스도께서 자기가 예루살렘에 올라가 장로들과 대제사장들과 서기관들에게 많은 고난을 받고 죽임을 당하고 제삼일에 살아나야 할 것을 제자들에게 비로소 나타내시니 베드로가 예수를 붙들고 항변하여 이르되 주여 그리 마옵소서 이 일이 결코 주께 미치지 아니하리이다 예수께서 돌이키시며 베드로에게 이르시되 사탄아 내 뒤로 물러 가라 너는 나를 넘어지게 하는 자로다 네가 하나님의 일을 생각하지 아니하고 도리어 사람의 일을 생각하는도다 하시고 이에 예수께서 제자들에게 이르시되 누구든지 나를 따라오려거든 자기를 부인하고 자기 십자가를 지고 나를 따를 것이니라 (마 16:21-24)

우리는 모든 시대의 기본적인 진리들이 베드로의 삶 가운데 심겨졌다는 것을 발견합니다. 우리는 그가 얻은 영적 능력의 증거들을 봅니다. 또한 우리는 자연적인 능력이 역사하는 것을 봅니다. 예수님은 자신이 하나님께서 의도하신 영적 삶에 도달하려면 고난을 받아야 한다는 것을 아셨습니다. 그래서 예수님은 "내가 계속해서 전진해야만 한다. 베드로야 너는 나를 넘어지게 하는 자로다"라고 말씀하셨습니다.

만일 여러분이 자신을 구하려 한다면, 그것은 하나님을 넘어지게 하는 것이 됩니다. 하나님은 어느 때든지 제가 사람의 호의나 이 땅의 권세를 구하려 한다면, 하나님의 은혜를 잃고 믿음을 가질 수 없다고 말씀하십니다. 예수님께서는 "너희가 서로 영광을 취하고 유일하신 하나님께로부터 오는 영광은 구하지 아니하니 어찌 나를 믿을 수 있느냐?"(요 5:44)고 물으셨습니다.

하나님은 우리 각 사람에게 말씀하고 계시며, 우리가 해변을 떠나도록 하십니다. 우리가 하나님의 마음과 뜻을 얻을 수 있는 곳은 오직 한 곳입니다. 그곳은 하나님과 독대하는 곳입니다. 만일 우리가 다른 사람을 바라본다면, 우리는 이를 얻을 수 없습니다. 만일 우리가 우리 자신을 구하고자 한다면, 우리는 결코 묶고 풀 수 있는 자리에 도달하지 못할 것입니다. 여러분과 예수님 사이에는 어느 누구도 알지 못하는 친밀한 사귐이 있습니다. 거기서 여러분은 날마다 선택하거나 거절해야 합니다.

묶고 푸는 권세를 얻는 방법은 매우 제한적입니다. 저는 예수님께서 그분의 가족들 그리고 친구들과 구별되셨다는 것을 압니다. 주님은 삶의 호사스러운 것들을 박탈당하셨습니다. 제가 보기에 하나님은 우리 모두가 이 거룩한 전쟁을 위해 그분을 위해 구별되기 원하시는 것 같습니다. 그리고 우리가 전적으로 우리 자신을 그분께 드리지 않으면 믿음을 갖지 못할 것입니다.

사랑하는 여러분, 만일 양으로서 우리가 기꺼이 우리 자신의 털을 깎으려 하지 않는다면, 이 마지막 때에 갖기 원하는 능력을 가질 수 없을 것입니다. 그 길은 좁습니다(마 7:13-14).

사랑하는 여러분, 여러분 안에 죄가 있다면 묶거나 풀 수 없을 것입니다. 자신이 죄에서 자유롭지 못한데 다른 사람의 죄를 다룰 수는 없습니다. "그들을 향하사 숨을 내쉬며 이르시되 성령을 받으라"(요 20:22). 주님은 성령께서 그들에게 그들 자신에 대한 계시뿐만 아니라 하나님에 대한 계시를 주실 것을 아셨습니다. 주님은 여러분에게 여러분의 타락성을 계시하셔야 합니다. 누가복음 22장 29-30절은 이렇게 말합니다.

> 내 아버지께서 나라를 내게 맡기신 것 같이 나도 너희에게 맡겨 너희로 내 나라에 있어 내 상에서 먹고 마시며 또는 보좌에 앉아 이스라엘 열두 지파를 다스리게 하려 하노라

만일 여러분 안에 굽은 것이 없다면, 하늘에 계신 아버지께서 여러분을 나라를 심판하는 재판장으로 세우실 것을 믿습니까? 여러분이 스스로가 자유하다면, 여러분이 묶을 수 있다는 것을 믿습니까? 살아 계신 그리스도를 마음에 모신 모든 자들은 모든 죄를 멸할 능력을 가지고 있습니다.

이 땅에서 예수님은 마지막 말씀을 하시면서 제자들에게 명령하셨습니다(막 16:15-18). 그리고 제자 삼는 일은 결코 멈추지 않았습니다. 반석이신 그리스도가 하나님의 능력의 나타남 가운데 머물지 않으시기 때문에 오늘날의 교회들이 연약합니다. 이는 그것이 특별한 선물이어

서가 아니라 여러분 안에 이 반석과 같은 진리를 가지고 있느냐에 따라 달라지기 때문입니다. 여러분은 예수님의 이름으로 풀고, 예수님의 이름으로 묶을 것입니다. 만일 그분이 여러분 안에 계시다면, 여러분은 그 능력의 증거를 드러내야 합니다.

우리는 베드로가 자연인으로서 동정심이 많았다는 것을 알 수 있습니다. 그래서 그는 예수님이 십자가에 못 박히시는 것을 원치 않았습니다. 베드로가 그렇게 말한 것은 너무나 자연스러운 것이었습니다. 그러나 예수님은 "내 뒤로 물러 가라"(마 16:23)고 말씀하셨습니다. 주님은 인간의 동정에 흔들려서는 안 된다는 것을 아셨습니다. 우리가 겸손함을 유지할 수 있는 유일한 방법은 언제나 이 좁은 길에 서서 "사탄아, 내 뒤로 물러가라"고 말하는 것입니다. 만일 여러분이 쉬운 길을 택한다면, 예수님의 제자가 될 수 없습니다(눅 14:27).

사랑하는 여러분, 우리는 지금 예수님께서 반석이시라는 사실을 경험하며 살고 있습니다. 저는 반석이신 주님으로 인해 언제라도 놀라운 기적이 일어날 수 있는 가능성 가운데 살고 있어서 기쁩니다. 반석 되신 주님께서는 전복되실 수 없다는 이 사실에 굳게 서십시오.

하나님의 치유의 손길

한번은 집회에 77세 된 노파가 참석했는데, 그녀는 몸이 마비된 환자였습니다. 기도를 받은 후 하나님의 능력이 그녀에게 임하자 그녀의 힘이 매우 강해져서 놀랍게도 집회 장소를 아래위로 뛰어다녔습니다.

형제자매들이여, 이 여인이 고침을 받았을 때에 저는 하나님께서 행하실 일이 무엇인지를 보았습니다. 저는 우리 모두가 하나님의 능력으로 매우 강해져서 의심이나 두려움이 우리 마음 가운데 들어오지 못할 것이라고 믿습니다. 또한 우리가 새로운 믿음으로 말미암아 새롭게 창조되었다는 것과 하나님을 위해 놀라운 일들을 성취할 능력이 우리 안에 있는 믿음 가운데 있다는 것을 알게 될 것입니다.

저는 가장 놀라운 믿음이 어린아이의 단순한 믿음이라고 생각합니다. 그 믿음은 무언가를 믿으려는 믿음입니다. 어린아이와 같은 믿음에는 담대함이 있고, 그로 인해 우리는 "당신은 나음을 입을 것입니다"라고 말하게 됩니다.

하루는 한 남자가 집회에 아들을 데려왔습니다. 그의 아들은 오랫동안 발작을 일으켜 몸이 한쪽으로 쏠려 있었습니다. 아들을 데리고 온 아버지가 저에게 물었습니다. "제 아들을 위해 하실 수 있는 게 있습니까?" 저는 예수님의 이름으로 말했습니다. "그렇습니다. 아이는 고침을 받을 수 있습니다." 저는 이것이 가능한 이유가 반석 되신 주님 때문이라는 것을 압니다. 우리 안에는 내주하시는 성령님이 계십니다. 그리고 그분은 우리를 위해 자신을 주신 그분의 생명이십니다. 왜냐하면 그분은 우리 안에 거하시는 반석의 생명이시기 때문입니다.

저는 여러분이 묶을 수 있는 능력을 가졌다고 느끼기 전에 먼저 무언가 강력한 능력이 여러분을 덮길 기다리지 않을까 걱정됩니다. 그것은 능력이 아닙니다. 반석 되신 주님은 여러분 안에 계십니다. 여러분은 반석 되신 주님으로 이뤄져 있기 때문에 이미 묶고 푸는 능력을 가지고 있습니다. 여러분이 해야 할 일은 이 사실 위에 서서 이 능력을 사용하는 것입니다. 이렇게 하시겠습니까?

저는 이렇게 말했습니다. "아버지 하나님, 예수님의 이름으로 이 젊은이 안에 있는 악한 영을 묶습니다." 오, 예수님의 이름이여! 우리는 이 이름을 너무 사용하지 않습니다. 심지어 어린아이들도 "호산나"라고 외쳤습니다(마 21:15). 만일 우리가 가서 그분을 더욱 친앙한다면, 하나님은 우리에게 승리의 함성을 주실 것입니다.

다음 집회에 아버지가 그 젊은이를 또 데리고 왔습니다. 저는 그가 고침을 받았는지 물을 필요가 없었습니다. 그의 밝은 얼굴과 아버지의 빛나는 얼굴이 모든 것을 말해주었습니다. 저는 물었습니다. "이제 괜찮습니까?" 그러자 그가 "그렇습니다"라고 답했습니다.

저는 오늘날 묶고 푸는 이 권세를 사용하는 것이 매우 절실함을 봅니다. 형제자매들이여, 여러분이 어디에 있든 여러분은 사람들을 해방시킬 수 있습니다. 하나님은 여러분의 이름을 의심 많은 도마에서 승리의 이스라엘로 바꾸길 원하십니다.

어느 날 암에 걸린 한 젊은 여인이 저에게 왔습니다. 그녀는 매우 낙심되어 있었습니다. 그러나 우리는 기뻐할 필요가 있습니다. 저는 그녀에게 "기뻐하십시오"라고 말했습니다. 그러나 제가 그녀를 기쁘게 만들 수는 없었습니다. 그래서 저는 예수님의 이름으로 악한 세력을 묶었습니다. 그리고는 그녀에게 안수하며 이렇게 말했습니다. "자매여, 이제 당신은 자유합니다!" 그러자 그녀는 일어나 자신이 얘기를 좀 해도 되는지 물었습니다. 그녀는 암이 있던 자리를 비비면서 말했습니다. "암이 사라졌어요!"

형제자매들이여, 저는 이 능력이 바로 여러분의 것임을 알기 원합니다. 하나님은 우리가 그분이 우리에게 주신 이 능력을 사용할 때 기뻐하십니다. 저는 모든 하나님의 자녀들이 어느 정도 이 능력을 가지고 있다고 믿습니다. 그러나 우리가 매우 충만하여 방언을 말하게 될 때, 그 능력이 보다 더 충만하게 나타난다고 믿습니다. 저는 여러분이 그 충만함을 받을 때까지 계속해서 구하시기 원합니다. 다윗이 백성들에게 한 것처럼 저도 여러분에게 떡 한 개와 건포도 떡 한 덩이씩을 나눠 주어 집으로 보내야만 합니다(삼하 6:19).

언제 우리가 모든 사람들이 성령으로 충만하여 사도행전에 나온 것처럼 행하는 모습을 보게 될까요? 그것은 모든 사람들이 "주님, 당신은 하나님이십니다"라고 말할 때일 것입니다. 저는 여러분이 하나님과 그런 관계를 갖게 되어 하나님이 약속하셨기 때문에 여러분의 기도가 응답된다는 것을 알기 원합니다.

어느 날 저는 구두 수선공의 가게에 들렀습니다. 그런데 거기에 양쪽 눈에 녹색 안대를 한 남자가 있었습니다. 눈에 염증이 너무 심했던 그는 심히 아파했습니다. 그는 "저는 어디서든 쉴 수가 없습니다"라고 말했습니다. 저는 그에게 그가 무엇을 믿는지 묻지 않고 제 성경을 내려놓고 예수님의 이름으로 그의 눈에 안수했습니다. 그러자 그가 말했습니다. "이거 이상하네요. 아프지가 않아요. 저는 자유합니다."

인간의 마음이 이런 일을 할 수 있다고 생각하십니까? 그렇지 않습니다. 우리는 하나님께서 응답하실 것을 의식하고 이런 일을 합니다. 그러면 하나님은 그러한 섬김을 기뻐하십니다.

한번은 한 소년이 목발을 한 채 집회에 왔습니다. 그는 발목이 부러진 상태였습니다. 그날 여러 명이 함께 그를 위해 기도했습니다. 그러자 기쁘게도 그 소년은 나음을 입었고, 목발을 들고 돌아갔습니다.

사랑하는 여러분, 예수님께서 곧 오십니다. 그만큼 주님이 곧 재림하실 표적들이 많이 보이는 것 같습니다. 여러분도 그분의 영광을 위해 여러분 안에 계신 반석의 능력을 사용하시겠습니까?

Chapter 8

얼마나 많은 사람들이 구원을 받았는가!

하나님께서는 그분의 계획을 방해하지 않도록 우리의 모든 불신을 제거해버리기 원하십니다. 한편 마귀는 언제나 역사하고, 인간은 하나님이 세워놓으신 것을 버리려 합니다. 하나님은 그분의 말씀으로 진리를 세우셨지만, 인간은 그것을 무효화시키려 합니다. 하나님은 그분의 말씀을 이 땅에 두셨으며, 또한 그 말씀은 하늘에 굳게 섰습니다(시 119:89). 이 말씀 위에 서 있으면, 여러분은 영원히 굳게 섭니다.

하나님이 이렇게 말씀하셨고, 또 그대로 되었습니다. 하나님의 말씀은 항상 계십니다(벧전 1:23). 인간은 지나가고 사물도 지나가지만, 하나님의 말씀은 항상 있습니다. 믿음 안에서 자신을 점검하십시오(고후 13:5).

사탄보다 더 크신 자

"주여 원하시면 저를 깨끗하게 하실 수 있나이다"(마 8:2). 이것은 누가 말한 것입니까? 문둥병자입니다. 성경 시대에 문둥병은 불치병이었습니다. 그것은 팔다리가 썩어서 떨어져나가는 혐오스러운 병입니다. 사람이 문둥병에 걸리면 그는 죽은 목숨이었습니다. 암이나 결핵처럼 그것은 육체에 나타난 마귀입니다. 그리고 마귀는 어쩔 수 없이 놓아주기 전에는 결코 놓아주는 법이 없습니다.

구원을 받으려면 사탄보다 더 강력한 누군가가 있어야만 합니다. 여기 진리가 있습니다. 즉 사탄보다 더 크신 이가 우리 가운데 거하십니다. 이 사실을 믿는다면, 이는 큰 차이를 가져올 것입니다. 그것은 더 이상 고난이 없으며, 더 이상 질병이 없다는 것을 의미합니다. 하나님의 계획은 놀랍습니다. 하나님께서 깊은 역사를 이루시도록 허락해드리고, 불신을 잘라버리십시오. 그분의 길은 완전합니다.

주님은 언제나 바른 곳으로 가십니다. 때로 의사들은 그들이 잘못된 곳에서 수술을 시작했다가 나중에 올바른 장소에 왔을 때, 자신들의 실수를 감춥니다. 또한 환자가 죽으면, 그들은 수술은 성공적이었는데 그가 죽은 것이라고 말합니다. 그러나 예수님의 수술을 받은 후에 죽은 사람은 없습니다. 어떤 이들은 이 말이 의사들에게 곤란한 일이 될 것이라고 말합니다. 그러나 그렇지 않습니다. 그들은 걱정할 필요가 없습니다. 이 세상이 죄 가운데 굴러가는 한 의사들이 할 일은 무척 많을 것입니다. 그러나 믿는 자는 이 세상과 사뭇 다른 곳에 있습니다.

예수님은 그분을 찾아온 이방 여인에게 "자녀의 떡을 취하여 개에게 줄 수 있느냐?"라고 물으셨습니다(마 15:26). 하나님의 자녀들에게는 떡이 있습니다. 그것은 예수님의 생명입니다. 예수님은 여러분의 영, 혼, 육에 필요한 모든 떡을 가지고 계십니다.

한번은 한 호텔에 갔는데, 그곳에 팔에 독이 오른 사람이 있었습니다. 그의 팔은 많이 부어 있었고, 팔과 목 그리고 얼굴이 파랬습니다. 그는 눈을 뜨고서 이렇게 말했습니다. "저를 구원해주실 수 있습니까? 저는 죽어가고 있습니다." 저는 그의 팔을 잡고서 그것을 두 번 돌렸습니다. 그것은 믿음의 행위였습니다. 제가 말했습니다. "예수님의 이름으로 이제 당신은 자유합니다." 그는 자기의 팔을 계속 돌리면서 말했습니다. "보십시오! 예수는 이처럼 강력하고 놀라운 이름입니다. 하나님께서는 그 이름이 모든 것보다 더 위대하다고 말씀하셨습니다." 이 동일하신 예수님은 모든 인류의 구원자(the Deliverer)이십니다.

여러분은 자유할 것입니다

여인들은 자주 아이들에게 "가서 내 지갑을 가져오렴. 지갑이 없으면 살 수가 없단다"라고 말합니다. 어머니들이여, 혹시 성경을 가지러 달려간 적이 있습니까? 거기에는 더 부요한 금과 더 위대한 능력이 담겨 있습니다. 만일 하나님의 말씀이 여러분의 마음에 있으면, 여러분은 자유할 것입니다. 하나님은 언제나 여러분을 자유하게 하십니다.

복음은 자유로 가득하며, 거기에는 속박이 없습니다. 그것은 자유로 가득합니다! 깨끗함을 받는 데 얼마나 걸립니까? 예수님은 문둥병자에게 이렇게 말씀하셨습니다. "내가 원하노니 깨끗함을 받으라"(마 8:3). 그러자 즉시 그의 문둥병이 깨끗함을 받았습니다.

많은 사람들이 자기 앞에 커다란 장애물을 놓습니다. 그들은 "그것이 정말 하나님의 뜻인지 궁금하네"라고 말하면서 자신의 수금을 버드나무에 걸어놓습니다(시 137:1-4). 그것이 하나님의 뜻일까요? 우리가 구속을 바라보면, 그 답이 나옵니다. 구원하시는 것이 하나님의 뜻일까요?

어떤 이들은 "모든 사람이 구원을 받을 것이다"라고 말합니다. 그런데 그것은 성경적이지 않습니다. 누가 구원을 받으며, 누가 잃어버린 자가 됩니까? 믿지 않는 자가 잃어버린 자가 됩니다. 모든 믿는 자에게 하나님의 계획은 분명합니다. 그 계획은 "네가 구원받길 원한다면 나도 원한다"는 것입니다.

참된 믿음의 능력

병이 들어 거의 죽게 된 여인이 있었습니다. 그녀가 저에게 사람을 보내서 미션센터의 지도자와 함께 그녀의 집으로 갔습니다. 그녀는 침대에 누워 죽어가고 있었습니다. 주님께서는 저에게 그분의 능력 외에 그녀를 구할 수 있는 것이 없다는 것을 계시하셨습니다.

저는 그녀에게 다가가서 고개를 숙였습니다. 그러자 그녀가 말했습니다. "저는 믿습니다. 저는 믿습니다." 그녀는 "저는 믿습니다"라는 말을 계속 반복해서 말했습니다. 제가 말했습니다. "당신은 믿음이 없습니다. 당신은 지금 죽어가고 있습니다. 그리고 당신은 그것을 압니다. 당신은 그저 말뿐입니다." 제가 그녀에게 말했습니다. "살고 싶으신가요?" 그녀가 "그렇습니다"라고 말했습니다. "그렇지만 그럴 능력이 없습니다." 순간 주의 성령이 저에게 임해서 제가 말했습니다. "예수님의 이름으로." 그러자 하나님의 영이 그녀를 일으켜 세웠습니다.

믿음은 적극적으로 마귀의 능력을 거절합니다. 그것은 단지 말만 하는 것이 아닙니다. 여러분은 믿음의 적극성을 가져야만 합니다. 우리는 말 이상의 무언가를 가져야만 합니다. 사탄은 우리를 죽이고 멸망시키러 오지만, 예수님은 생명을 풍성히 주시기 위해 오십니다(요 10:10). 주님은 성령의 역사를 통해 풍성한 생명을 주시기 위해 오십니다. 문둥병자는 "주여 원하시면 저를 깨끗하게 하실 수 있나이다"(마 8:2)라고 말했습니다. 이에 예수님께서는 "내가 원하노니"(마 8:3)라고 말씀하셨습니다.

병 고침의 간증

한번은 어떤 여인이 병 고침을 받기 위해 제가 있는 곳으로 왔습니다. 그런데 그곳엔 사람들이 많았습니다. 이 경우는 하나님께서 무언가를 보여주고 싶으셨던 경우입니다. 그녀는 매우 고통스러워했고, 약했으며, 육신이 쇠약하여 단단한 음식을 먹을 수도 없었습니다. 저는 군중에게 말했습니다. "이 여인을 보십시오. 그녀의 상태를 자세히 살펴보십시오." 그런 뒤에 저는 예수님의 이름으로 악한 영을 쫓아냈고, 그녀에게 안수했습니다. 여인은 사람들에게 자신이 해방되었다고 말했습니다.

그 여인은 그날 밤에 열린 집회에 왔고, 다음날에도 와서 하나님을 높여드렸습니다. 저는 그녀를 보고 놀랐습니다. 그녀가 시골에 있는 집에 갔다고 생각했기 때문입니다. 그녀는 "저는 주님을 온전히 높여드리기 전에는 집에 갈 수가 없습니다"라고 말했습니다. 집회가 끝나 후 그녀가 떠나면서 말했습니다. "안녕히 계십시오. 주님은 우리의 연약한 것을 친히 담당하시고 병을 짊어지셨습니다(마 8:17). 저는 이 생명을 전할 것입니다."

너무나 많은 사람들이 자신의 감정을 의지하여 이 진리를 놓칩니다. 그 어떤 것보다 하나님의 말씀을 갖는 것이 더 중요합니다. 시편 119편 50절은 말합니다. "주의 말씀이 나를 살리셨기 때문이니이다." 말씀 이외에 그 어느 것도 생명을 줄 수 없고, 말씀은 예수님이십니다. "주의 말씀을 내 마음에 두었나이다"(시 119:11).

모든 어둠, 죄 그리고 고통은 떠나가야 합니다. 하나님의 말씀은 이 모든 것을 대적합니다. 여러분은 이런 것들과 하나님의 말씀을 동시에 가질 수 없습니다. 믿는 것은 곧 구원과 치유와 자유를 받는 것입니다. 불신은 구원과 치유와 자유를 받지 못합니다. "믿는 자에게는 능히 하지 못할 일이 없느니라"(막 9:23). 이 진리는 영원히 서 있습니다.

Chapter 9

성령 안에 있는 생명

그가 또한 우리를 새 언약의 일꾼 되기에 만족하게 하셨으니 율법 조문으로 하지 아니하고 오직 영으로 함이니 율법 조문은 죽이는 것이요 영은 살리는 것이니라 돌에 써서 새긴 죽게 하는 율법 조문의 직분도 영광이 있어 이스라엘 자손들은 모세의 얼굴의 없어질 영광 때문에도 그 얼굴을 주목하지 못하였거든 하물며 영의 직분은 더욱 영광이 있지 아니하겠느냐 정죄의 직분도 영광이 있은즉 의의 직분은 영광이 더욱 넘치리라 영광 되었던 것이 더 큰 영광으로 말미암아 이에 영광될 것이 없으나 없어질 것도 영광으로 말미암았은즉 길이 있을 것은 더욱 영광 가운데 있느니라 우리가 이같은 소망이 있으므로 담대히 말하노니 우리는 모세가 이스라엘 자손들에게 장차 없어질 것의 결국을 주목하지 못하게 하려고 수건을 그 얼굴에 쓴 것 같이 아니하노라 … 주는 영이시니 주의 영이 계신 곳에는 자유가 있느니라 우리가 다 수건을 벗은 얼굴로 거울을 보는 것 같이 주의 영광을 보매 그와 같은 형상으로 변화하여 영광에서 영광에 이르니 곧 주의 영으로 말미암음이니라 (고후 3:6-13, 17-18)

우리는 히브리서 6장 1-2절에서 그리스도의 도의 초보를 버리고 죽은 행실을 회개함과 세례들과 다른 초보적인 교훈의 터를 다시 닦지 말고 완전한 데로 나아가라는 말씀을 듣습니다. 만일 계속해서 자기 집을 부수고 반복해서 기초를 세우는 건축자가 있다면, 그를 어떻게 생각하시겠습니까? 여러분의 인생에서 하나님의 권능을 경험하기 원하신다면, 뒤를 돌아보지 마십시오. 여러분이 뒤를 돌아보는 만큼 하나님께서 여러분을 위해 예비하신 것을 놓치게 될 것입니다.

성령께서는 우리가 구원함을 받은 죄와 사망의 법을 결코 다시 뒤돌아봐서는 안 된다는 것을 보여주십니다(롬 8:2). 하나님은 새로운 질서 가운데로 우리를 데려가셨습니다. 그 질서는 그리스도 예수 안에 있는 사랑과 자유의 삶입니다. 그리고 그것은 인간의 모든 이해력을 초월하는 것입니다.

많은 사람들이 성령의 권능으로 이 새로운 삶 가운데 들어갔지만, 때로는 갈라디아 교인들처럼 처음에는 경주를 잘 하다가 율법을 통해 자신을 온전케 하려고 노력하는 이들도 있습니다(갈 3:1-3, 5:7). 그들은 성령 안의 삶에서 자연인의 삶으로 돌아갑니다. 그러나 하나님은 이런 삶을 기뻐하지 않으십니다. 왜냐하면 이렇듯 비전을 잃어버린 사람에게는 그분이 거하실 곳이 없기 때문입니다.

이제 우리가 해야 할 유일한 일은 회개하는 것입니다. 뭐든지 감추려 하지 마십시오. 만일 어떤 분야에서 넘어졌다면 이를 고백하십시오. 그런 다음에 믿음의 확고한 자리에 다시 서기 위해 하나님을 바라보십시오. 그곳에서 여러분은 온전히 성령 안에서 행하게 될 것입니다.

하나님의 자녀가 되는 기쁨

우리 모두는 "구원은 여호와께 속한 것"(욘 2:9)이라는 진리에 대해 분명한 확신을 가져야 합니다. 구원은 인간의 질서 이상의 것입니다. 만일 원수 마귀가 여러분을 믿음의 자리에서 옮길 수만 있다면, 그는 여러분이 하나님의 계획에서 벗어나도록 만들 수 있습니다. 사람이 죄에 빠지는 순간 거룩한 생명의 흐름이 중단되고, 생활은 무기력하게 되고 맙니다. 그러나 이것은 그분의 자녀들을 향한 하나님의 계획이 아닙니다. 요한일서 3장을 읽고 하나님의 자녀로서의 여러분의 자리를 취하십시오. 여러분의 소망이 그리스도 안에 있기 때문에 이로 인해 여러분의 삶이 순전해야 한다는 사실을 기억하십시오.

성령께서 말씀하십니다. "하나님께로부터 난 자마다 죄를 짓지 아니하나니 이는 하나님의 씨가 그의 속에 거함이요 그도 범죄하지 못하는 것은 하나님께로부터 났음이라"(요일 3:9). 우리 안에 심겨진 말씀의 씨 안에는 생명과 능력이 있습니다. 하나님으로 인해 우리는 범죄하지 못합니다. 그리고 하나님의 말씀에는 인간의 모든 반대를 물리칠 수 있는 능력이 있습니다. 우리 모두를 향하신 하나님의 생각은 우리가 예수 그리스도로 말미암아 생명 안에서 왕노릇하는 것입니다(롬 5:17). 여러분도 여러분이 하나님 안에서는 매우 놀라운 존재이지만, 자신 안에서는 너무나 형편없는 존재라는 것을 알아야 합니다.

하나님은 하늘에서 어둠의 권세들을 내쫓으셨을 때, 그분이 그 모든 빈대 세력보다 더 강력한 분이심을 선포하셨습니다. 저는 하늘에서 사탄을 쫓아낸 그 동일한 능력이 하나님께로부터 난 모든 사람들 가운데 거하고 있다는 사실을 여러분이 알기 원합니다. 만일 이 사실을 깨닫기만 한다면, 여러분은 "생명 안에서 왕 노릇"(롬 5:17) 할 것입니다.

사람들이 악한 영의 세력에 눌려 있거나 악의 세력들이 드러나는 모습을 볼 때, 언제나 악한 영들에게 "예수님이 육체로 오셨는가?"라고 물어보십시오. 저는 악한 영이 이에 대해 긍정적으로 대답하는 것을 한 번도 들은 적이 없습니다(요일 4:2-3). 여러분이 처리해야 할 악한 영이 있을 때, 여러분에게는 이를 쫓아낼 수 있는 능력이 있습니다. 이 사실을 믿으십시오. 그리고 이에 따라 행동하십시오. 왜냐하면 이는 여러분 안에 계신 이가 세상에 있는 자보다 크시기 때문입니다(요일 4:4). 하나님은 여러분이 승리하기 원하시기 때문에 마귀를 멸할 수 있는 능력을 여러분 안에 두셨습니다.

고난 중에 승리하라

시험(temptations)은 모든 사람에게 옵니다. 여러분이 시험을 받을 가치가 없다면, 여러분은 그렇게 가치가 있는 사람이 아닙니다. 욥은 말했습니다. "그가 나를 단련하신 후에는 내가 순금 같이 되어 나오리라"(욥 23:10). 시험을 당할 때마다 주님은 최대한 시험을 당하도록 허락하시지만, 여러분이 순종하면 결코 패하지 않도록 하실 것입니다. 시험의 한가운데서 주님은 언제나 '피할 길'을 주십니다(고전 10:13).

> **방언 통역)** 하나님은 오셔서 그분의 능력으로 모든 거짓말과 모든 어둠의 세력들을 쓸어버리심으로 너희로 하여금 언제나 그리스도 예수 안에서 승리하도록 만드시느니라. 주께서는 자기의 성도들을 사랑하시어 그분의 전능하신 날개로 그들을 덮으시는도다.

우리가 이 진리를 볼 수 있도록 하나님께서 도우시길 기도합니다. 우리가 시련을 당할 준비를 하고 그 안에서 승리하기 전에는 그분의 영광을 찬미할 수 없습니다(엡 1:12). 우리는 죄가 본성에 의해 들어온다는 사실을 벗어날 수 없으나 하나님께서는 우리의 본성에 들어오셔서 죄를 죽음의 자리에 놓으십니다. 왜 그럴까요? 하나님의 성령께서 그분의 모든 능력과 자유 가운데 성전으로 들어오실 수 있도록, 그리고 바로 여기 현재의 악한 세상에서 믿는 자들에 의해 마귀가 쫓겨날 수 있도록 하기 위해서입니다.

우리 마음에 역사하시는 성령님

사탄은 언제나 하나님의 성도들을 대항하여 중상모략을 폄으로써 그들의 평판을 나쁘게 만들려고 합니다. 하지만, 성령께서는 결코 우리를 정죄하지 않으십니다. 그분은 언제나 예수 그리스도의 보혈을 계시하시고, 언제나 우리를 도우십니다. 주 예수님은 성령님을 오실 보혜사라고 부르셨습니다(요 14:16). 그분은 시련과 환난의 때에 우리를 도우시기 위해 언제나 우리 가까이에 계십니다. 성령께서는 그리스도의 교회를 높이 세우시는 능력이십니다.

바울은 다음과 같이 말했습니다. "너희는 … 그리스도의 편지니 이는 먹으로 쓴 것이 아니요 오직 살아 계신 하나님의 영으로 쓴 것이며 또 돌판에 쓴 것이 아니요 오직 육의 마음판에 쓴 것이라"(고후 3:3). 성령께서는 마음에서, 즉 인간의 성정 깊은 곳에서 시작하십니다. 그분은 그리스도의 계시의 풍성함을 마음에 가져오시고, 그곳에 거룩함과 순결함을 심으십니다. 이는 그 마음 깊은 곳에서 찬양이 계속해서 솟아나도록 하기 위함입니다.

성령께서는 우리를 그리스도의 편지로 만드십니다. 그리고 그분은 예수님께서 우리의 주와 구속자가 되시며, 하나님 앞에서 죽임 당한 어린 양이심을 선포하십니다. 주님께서 도우셔서 우리가 이 생명의 능력을 알기를 기도합니다. 인생의 날수는 70년입니다(시 90:10). 그러나 저는 결코 끝이 없는 새 생명을 시작했습니다. "영원부터 영원까지 주는 하나님이시니이다"(시 90:2). 이것이 저에게 주어진 생명이며, 이 생명에는 끝이 없습니다.

모든 능력보다 더 강력한 능력이 제 안에서 역사하고 있습니다. 하나님의 능력이신 그리스도께서 제 안에 계십니다. 저는 왜 우리가 위로부터 옷을 입어야 하는지 그 이유를 압니다. 왜냐하면 우리 안에 있는 생명이 우리의 육체보다 수천 배나 더 크기 때문입니다. 그러므로 엄청난 확장이 일어나야 합니다. 이 생명은 자연인으로서는 이해할 수 없습니다. 우리의 이성으로는 이 거룩한 하나님의 계획을 이해할 수 없습니다.

우리의 만족 되시는 하나님

"우리가 무슨 일이든지 우리에게서 난 것 같이 생각하여 스스로 만족할 것이 아니니 우리의 만족은 오직 하나님께로부터 나느니라"(고후 3:5). 우리는 옛 질서를 떠났습니다. 우리가 다시 돌아간다면, 하나님의 섭리를 놓칠 것입니다. 우리는 육체를 신뢰할 수 없습니다(빌 3:3). 우리는 그것을 만질 수도 없습니다. 우리는 새로운 질서인 영적 질서 안에 있습니다. 그것은 우리의 구원과 관련된 모든 것에 있어서 우리 하나님께서 만족하게 하신다는 절대적인 믿음에서 나오는 새 생명입니다.

만일 여러분이 제7일안식교의 교인이었다면, 결코 이런 자리에 올 수 없었을 것입니다. 왜냐하면 율법은 결코 여러분 안에 자리할 수 없기 때문입니다. 여러분은 율법에서 해방되었습니다. 동시에 여러분은 바울처럼 성령에 매인 바 되었습니다(행 20:22). 이는 여러분으로 하여금 주님을 근심케 하는 그 어떤 것도 하지 못하도록 하기 위함입니다.

나아가 바울은 "그가 또한 우리를 새 언약의 일꾼 되기에 만족하게 하셨으니 율법 조문으로 하지 아니하고 오직 영으로 함이니 율법 조문은 죽이는 것이요 영은 살리는 것이니라"(고후 3:6)고 말했습니다. 이것을 읽는 것과 이에 대한 계시를 받아서 그 영적 능력을 아는 것은 별개의 것입니다.

의문(letter)에 속한 사람은 건조하고 말은 많지만, 영적 진리에 대한 지식이 적고 헛된 일에 시간을 보내면서 살아갑니다. 그러나 그런 사람도 성령의 영역에 들어서면 건조함이 사라집니다. 비판의 영도 떠납니다. 성령 안에서의 삶에는 분열이 있을 수 없습니다. 하나님의 성령은 이처럼 유연성과 사랑을 가져다줍니다. 성령 안에 있는 사랑과 같은 사랑은 없습니다. 그것은 순전하고 거룩한 사랑이며, 성령으로 말미암아 우리 마음에 부은 바 된 사랑입니다(롬 5:5). 그 사랑은 주님을 섬기고 존중합니다.

삶을 변화시키는 성령의 능력

지난 15년 동안 성령세례가 저에게 어떤 의미였는지는 미처 다 측량하지 못합니다. 마치 1년이 3년인 것 같아서 1907년 이래로 45년을 행복하게 섬겼던 것 같은 느낌이 듭니다. 저의 삶은 언제나 점점 더 좋아집니다. 저의 인생은 성령으로 충만한 삶입니다. 그리고 그것은 우리를 향하신 하나님의 거룩한 명령입니다. "술 취하지 말라 이는 방탕한 것이니 오직 성령으로 충만함을 받으라"(엡 5:18).

성령의 임하심에 대해 말한다면, 그리스도의 모든 지체들은 그분께 순종할 정도로 성령의 충만함을 받아야 합니다. 또한 모든 사람은 성령 세례를 받을 때 성령이 말하게 하심을 따라 방언을 말할 것을 강조하는 바입니다. 저는 계속적인 충만함을 받아 아침, 점심, 저녁에 방언으로 기도할 것을 주장합니다. 성령 안에 살면, 여러분이 계단을 내려갈 때에 마귀가 여러분 앞에서 도망쳐야 할 것입니다. 여러분은 마귀를 이긴 정복자보다 더 큰 자입니다(롬 8:37).

저는 성령으로 하지 않은 모든 것을 실패로 봅니다. 그러나 여러분이 성령 안에 살면, 하나님의 영광을 위해 움직이고, 행동하고, 먹고, 마시며, 모든 일을 하게 됩니다(고전 10:31). 우리의 메시지는 언제나 "성령의 충만함을 받으라!"는 이 말씀입니다. 이것은 여러분을 위해 마련된 하나님의 자리입니다. 그리고 그곳은 하늘이 땅보다 높음같이 자연인의 삶을 초월하는 것입니다. 하나님께서 여러분을 충만케 하시도록 자신을 드리십시오.

놀라운 새 언약

이스라엘은 모세를 심하게 시험했습니다. 그들은 언제나 말썽을 피웠습니다. 그런데 그가 산에 올라갔을 때, 하나님께서 그에게 십계명을 펼쳐 보이셨습니다. 그때 그분의 영광이 임했습니다. 그는 두 개의 돌판을 들고 산에서 내려오면서 기뻐했습니다. 그리고 그의 얼굴은 영광으로 빛났습니다. 그는 순종하면 생명이 될 것(십계명)을 이스라엘 백성에게 가져오고 있었습니다.

저는 하늘에서 강림하신 주님과 온 하늘이 그 광경에 감동했을 것에 대해 생각해봅니다. 모세가 가져온 것은 의문의 율법이었습니다. 그것은 영광스러웠지만, 그 모든 영광은 예수님의 생명의 성령 안에서 우리에게 가져오신 탁월한 영광 앞에서는 빛을 잃습니다. 시내 산의 영광은 오순절의 영광 앞에 초라해집니다.

"~ 하지 말라"는 말씀을 지닌 돌판은 이제 없어졌습니다. 왜냐하면 그것은 결코 어느 누구에게도 생명을 가져다줄 수 없기 때문입니다. 주님은 새 언약을 가져오셨고, 그분의 법을 우리 마음에 두시고, 우리 마음에 새기셨습니다(렘 31:33). 그것은 생명의 성령의 새로운 법입니다. 성령께서 들어오시면 그분은 우리를 사랑과 자유로 채우시기 때문에 우리는 기쁨으로 외칩니다. "없어졌도다! 없어졌도다!"(고후 3:11) 그래서 우리 안에 새로운 외침이 있습니다. "나의 하나님이여 내가 주의 뜻 행하기를 즐기오니"(시 40:8). "그 첫째 것을 폐하심은 둘째 것을 세우려 하심이라"(히 10:9). 다른 말로 그분은 의의 직분(고후 3:9)을 세우시기 위해 돌에 써서 새긴 죽게 하는 율법 조문(고후 3:7)을 없애십니다. 그것은 성령 안에 있는 생명입니다.

여러분은 이렇게 질문할 것입니다. "그렇다면 성령 충만한 사람은 계명을 지키지 않아도 됩니까?" 저는 여기서 하나님의 성령이 우리에게 하신 말씀을 그저 반복하고자 합니다. 돌에 써서 새긴 죽게 하는 율법 조문의 이 직분은 없어질 것입니다(고후 3:11). 그러나 그리스도의 살아 있는 편지가 된 사람은 살아 계신 하나님의 영이 쓴 편지로서 더 이상 간음자나 살인자, 혹은 탐하는 자가 되지 않습니다. 하나님의 뜻이 그의 기쁨입니다.

저는 하나님의 뜻을 행하길 사랑합니다. 조금도 귀찮지 않습니다. 기도가 힘들지 않고, 하나님의 말씀을 읽는 데도 어려움이 없습니다. 예배당에 가는 것이 힘들지 않습니다. 시편 기자처럼 저도 "사람이 내게 말하기를 여호와의 집에 올라가자 할 때에 내가 기뻐하였도다"(시 122:1)라고 말합니다.

어떻게 이 새 생명이 역사할까요? 그것은 하나님께서 자기의 기쁘신 뜻을 위하여 우리에게 소원을 두고 행하게(빌 2:13) 하시기 때문입니다. 펌프 물과 샘물 사이에는 큰 차이가 있습니다. 율법은 펌프 물이고, 성령세례는 샘물입니다. 오래된 펌프는 고장이 납니다. 부품이 마모되고 우물이 마릅니다. 이처럼 의문은 죽이는 것입니다(고후 3:6). 그러나 샘물은 계속해서 솟아나고, 하나님의 보좌에서 끊임없이 흘러나옵니다. 거기에는 생명이 있습니다.

성경은 그리스도에 대해 "왕은 정의를 사랑하고 악을 미워하시니"(시 45:7)라고 말합니다. 성령 안에 있는 이 새 생명 가운데서, 이 새 언약의 생명 가운데서 여러분은 옳고 순전하고 거룩한 것들을 사랑합니다. 그리고 여러분은 잘못된 모든 것들에 몸서리칩니다. 예수님은 "이 세상의 임금이 오겠음이라 그러나 그는 내게 관계할 것이 없으니"(요 14:30)

라고 말씀하셨습니다. 그리고 하나님의 성령으로 충만한 순간에 우리는 이와 같은 놀라운 상태로 들어가게 됩니다. 나아가 우리가 계속해서 성령 충만을 받으면, 원수 마귀는 우리의 영역에 한 치도 들어올 수 없습니다.

죄에 대한 자각

제대로 올바른 삶을 살지 않는 사람들이 당신과 함께 있으면 찔림을 받을 수 있을 정도로 성령으로 충만할 수 있다고 믿습니까? 우리가 계속해서 성령의 생명 가운데 행한다면, 악한 자가 우리와 함께 있을 때에 찔림을 받는다는 말을 듣게 될 것입니다. 예수님은 이런 영역에서 사셨고, 그 안에서 움직이셨습니다. 그리고 그분의 삶은 주변의 악인들에게 끊임없는 책망이 되었습니다.

여러분은 아마도 "그러나 주님은 하나님의 아들이셨습니다"라고 말할 것입니다. 하나님은 주님을 통해 우리에게 아들의 지위를 주셨습니다. 그리고 성령께서 우리를 중요한 자로 만드셔서 동일한 위치에 두실 수 있습니다.

저는 자랑하길 원치 않습니다. 제가 어떤 것이라도 자랑한다면, 그것은 저에게 매우 은혜로우셨던 오직 주님 안에서입니다(고전 1:31). 그런 차원에서 제가 죄에 대한 찔림을 주었던 놀라운 사건을 소개하고자 합니다.

한번은 제가 손을 씻기 위해 열차 객실에서 내렸습니다. 저는 이제 막 기도를 한 후였는데, 주님께서 저를 그분의 사랑으로 넘치게 채워주셨습니다. 제가 자리로 다시 돌아왔을 때, 아마도 주의 성령이 저에게 매우 강하게 임하셔서 제 얼굴이 빛났던 것 같습니다. 제가 다시 객차에 올라탔을 때, 두 명의 사무원이 함께 앉아 있었습니다. 그런데 그 중 한 사람이 이렇게 소리쳤습니다. "당신을 보니 저의 죄로 인해 괴롭습니다." 3분 이내에 객차에 있는 모든 사람들이 하나님께 구원해달라고 소리쳤습니다.

조심스러운 고백이지만, 저의 생애 가운데 이런 일이 많이 일어났습니다. 이는 바울이 말한 성령의 사역입니다. 이런 성령의 충만함을 받으면, 여러분의 인생이 달라집니다. 그래서 심지어 물건을 살 때 상점에 있는 사람들이 여러분을 피하고 싶어 할 것입니다. 왜냐하면 그들 스스로 죄에 대한 찔림을 받기 때문입니다.

우리는 의문(letter)에 속한 모든 것을 피해야만 합니다. 우리는 모든 것을 성령의 기름부음 가운데 행해야 합니다. 우리 오순절 교인들의 문제는 여전히 우리가 의문 가운데 살고 있다는 것입니다. 성령께서 바울을 통해 말씀하신 것을 믿으십시오. 그는 그리스도 안에서 여러분의 자유를 방해한 이 '정죄의 직분'이 모두 없어졌다고 하였습니다(고후 3:9). 이와 함께 율법도 끝났습니다!

여러분의 경우 옛 질서는 영원히 끝났고, 하나님의 성령께서 순전함과 사랑의 새로운 생명을 가져다주셨습니다. 여러분이 그리스도 안에서 새로운 피조물이 되었을 때, 성령께서는 여러분의 모든 옛 생활이 끝났다고 여기십시다. 성령 안에 있는 생명 가운데 과거에 흥미로웠던 것들은 그 능력을 잃어버렸습니다. 여러분이 가는 곳마다 마귀를 만나겠지만, 하나님의 성령께서 "그 기운에 몰려 급히 흐르는 하수와 같이 오실"(사 59:19) 것입니다. 하나님께서 일하시면 우리는 횃불이 되어 우리가 가는 곳마다 분위기를 정화시키고 악의 세력들을 물리칠 것입니다.

> 방언 통역) 주님은 영이시니라. 주님은 너희 마음 가운데 역사하시느니라. 그분은 너희 안에 있는 능력이 어둠의 모든 세력들보다 더 크다는 것을 보여주시느니라.

율법이 끝났다는 말의 뜻이 무엇입니까? 이것이 여러분이 충실하지 못할 것이라는 뜻입니까? 아닙니다. 여러분은 충실 그 이상의 사람이 될 것입니다. 여러분이 부당한 대우를 받으면 불평하시겠습니까? 아닙니다. 여러분은 다른 뺨도 댈 것입니다(마 5:39). 만일 하나님이 여러분 안에 살아 계시다면, 여러분은 언제나 이렇게 할 것입니다.

여러분 자신을 하나님의 손에 맡기십시오. 그리고 안식하십시오. 이미 그의 안식에 들어간 자는 하나님이 자기의 일을 쉬심과 같이 자기의 일을 쉬기 때문입니다(히 4:10). 이 얼마나 사랑스런 안식입니까! 인생 전체가 안식일입니다. 이것만이 하나님께 영광을 돌릴 수 있는 유일한 삶입니다. 그것은 기쁨의 삶이요, 매일매일은 지상 천국입니다.

날마다 변화를 받음

이런 삶에는 날마다 변화가 있습니다. 주님과 그분의 영광을 보면 우리는 주의 영으로 말미암아 그분과 같은 형상으로 변화하여 영광에서 영광에 이르게 됩니다(고후 3:18). 이 안에서 우리는 계속해서 베일을 벗고, 계속해서 계시를 받으며, 계속해서 위로부터 옷 입음을 받습니다. 저는 여러분이 하나님께 결코 뒤를 돌아보지 않겠다고, 결코 성령께서 끝났다고 말씀하신 것으로 돌아가지 않겠다고 약속하길 원합니다. 저는 주님께 제가 다시는 그분의 말씀을 의심하지 않겠다고 약속드렸습니다.

어린아이는 자기에게 오는 모든 것을 받아들입니다. 반면 소위 지혜로운 어른은 자신의 이성으로 하나님의 최선의 것을 받지 못하도록 속입니다. 그러나 어린아이는 엄마가 주는 모든 우유를 다 받아먹고, 심지어 우유병까지 삼키려 합니다. 어린아이는 걸을 수 없지만, 엄마가 업고 갑니다. 어린아이는 옷도 입지 못하지만, 엄마가 입혀줍니다. 어린아이는 심지어 말도 못합니다.

마찬가지로 성령으로 살 때에도 하나님은 우리가 할 수 없는 것을 대신 행해주십니다. 하나님은 우리를 안고 다니십니다. 그분은 우리에게 옷을 입혀주십니다. 그리고 그분은 우리에게 새로운 언어를 주십니다. 아, 우리 모두가 이런 어린아이와 같은 단순함을 가졌으면 좋겠습니다!

Chapter 10
이보다 큰 일을 하리라!

저는 여러분 모두가 즐거운 시간을 갖고 평안하며, 모두가 아픈 데가 없길 바랍니다. 저는 모두가 자유하길 원합니다. 여기 머리가 무척 아픈 사람이 있습니다. 저는 그분에게 예수님의 이름으로 안수를 할 것입니다. 그러면 그분은 하나님이 하신 일을 여러분에게 이야기할 것입니다. 저는 이처럼 어려움에 처한 사람을 돕기 위해 설교를 시작하기 전에 이분을 위해 기도하는 것이 합당하다고 믿습니다. 이는 그도 우리처럼 아픈 데 없이 집회를 즐길 수 있도록 하기 위함입니다(제가 말한 그 사람은 머리에 붕대를 감고 있었고 통증이 심했습니다. 그는 기도를 받은 후 고통이 사라졌다고 간증했습니다).

모든 이에게 주시는 하나님의 축복

저는 여러분 모두가 하나님이 주시는 풍성한 복을 누릴 수 있는 자리에 있길 원합니다. 하나님을 믿는 여러분이 고통 가운데 이 자리를 떠난다는 것은 있을 수 없습니다. 여러분이 오늘밤 하나님의 말씀을 받는다면, 그 말씀이 여러분에게 생명을 줄 것입니다. 그 말씀이 모든 사로잡힌 자들에게 구원(deliverance)을 줄 것입니다. 저는 오늘밤 모든 사람들이 진리를 알도록 하나님의 말씀을 선포하길 원합니다. 여러분은 하나님의 구원의 지식을 가지고 이 자리를 떠나실 것입니다.

저는 모든 사람이 이 집회의 시작부터 축복을 받기 원합니다. 한 사람도 하나님의 섭리 밖에서 살게 될 필요가 없기를 바랍니다. 무릎이 아프신 분들은 일어날 때에 믿으면 완전히 자유하게 될 것입니다. 저는 하나님의 말씀을 믿습니다. 하나님은 우리가 믿으면 구하는 바를 무엇이든 받을 수 있다고 약속하셨습니다(마 21:22).

저는 여러분이 지금 축복을 받기 원합니다. 저는 어디에서나 주님께 구할 때에 축복을 받습니다. 여러분이 저를 거리에서 발견하셨을 때 제가 혼자 있다면 하나님과 대화하고 있을 것입니다. 저는 항상 하나님께 말씀드리는 것을 저의 일로 삼았습니다. 밤에 깨면 저는 하나님께 기도합니다. 저는 이것이 하나님께서 저를 언제나 바르게 붙들어주시고 준비된 삶을 살도록 해주시는 이유라고 믿습니다. 저는 성령 하나님이 우리로 하여금 하나님과 계속해서 교제하는 삶을 살도록 인도해주신다고 믿습니다. 저는 지금 당장 여러분도 이것을 시작하길 원합니다. 하나님과 대화를 시작하십시오.

예수님은 길과 진리이십니다(요 14:6). 그러므로 예수님이 하신 모든 말씀은 진리입니다. 예수님은 다음처럼 말씀하셨습니다. "내가 진실로 진실로 너희에게 이르노니 나를 믿는 자는 내가 하는 일을 그도 할 것이요 또한 그보다 큰 일도 하리니 이는 내가 아버지께로 감이라"(요 14:12). 그분이 가셨습니까? 그렇습니다. 그분은 아버지 하나님께로 가셨습니다.

빛을 보내라

여러분, 이 전구가 보이십니까? 이 빛은 발전소로부터 전력을 공급받습니다. 발전소에는 전기를 보내고 받는 장치가 있습니다. 발전소는 이곳에서 몇 마일 떨어져 있고, 전류를 보내는 전선은 땅에 묻혀 있습니다. 우리는 지하에 있는 전선을 통해 지금 이 빛을 받고 있습니다.

저는 여러분이 그리스도 안에 있는 생명을 제대로 이해하기 원합니다. 예수님은 빛을 보내십니다. 그분은 빛을 통해 그분의 생명을 보내십니다. 그리고 그 빛은 생명을 밝히고 다시 돌아갑니다. 여러분은 내적으로 거룩하기 때문에 여러분의 생명은 빛으로 가득하게 됩니다. 저의 생명은 그분에게서 오고 그분께로 돌아갑니다. 그래서 저는 하나님의 생명으로 유지됩니다.

제가 사람들을 만지면 즉각 그들이 변화됩니다. 하나님의 아들의 생명이 그들에게 관통하고 전해집니다. 저는 하나님의 아들을 믿는 믿음으로 삽니다(갈 2:20).

믿는다는 것은 무엇을 의미하는가?

성경은 생명이 될 수도 있고, 의문(letter)이 될 수도 있습니다. 말씀이 무엇입니까? 우리가 믿을 때에 그것은 영이며 생명을 줍니다(요 6:63). 믿는다는 것은 무엇입니까? 믿는다는 것은 하나님이 주시는 거룩한 생명을 구하는 것입니다. 누가 이것을 갈망합니까? 이곳에 있는 사람 모두가 이 거룩한 하나님의 생명을 가질 수 있습니다.

저는 세례를 받으면 중생한다고 믿지 않습니다. 여러분은 돈으로도 구원을 받을 수 없습니다. 예수님께서는 니고데모에게 "네가 거듭나야겠다"(요 3:7)라고 말씀하셨습니다. 중생은 주 예수 그리스도를 믿는 믿음을 통해 오며, 여러분은 교회에서 뿐만 아니라 들에서도 구원을 받을 수 있습니다.

우리의 마음이 의를 갈망할 때, 하나님은 자신을 알리십니다. 누군가가 지금 "저는 구원을 받고 싶습니다"라고 말하고 있습니다. 제가 여러분에게 말씀을 하나 소개할까요? "구하는 이마다 받을 것이요"(마 7:8). 누가 이 말씀을 하셨습니까? 예수님께서 이렇게 말씀하십니다. "구하는 이마다 받을 것이요."

주님께 나를 받아 달라고 구했는데

나에게 안 된다고 하실까?

천지가 없어지기 전까지

그리 아니하시리

새 노래

"구원은 여호와께 속하였나이다"(욘 2:9). 어느 누구도 여러분을 구원할 수 없습니다. 어느 누구도 여러분을 고칠 수 없습니다. 만일 누군가가 이 집회에서 고침을 받았다면, 그를 고치신 분은 주님이십니다.

저는 어떤 상황에서도 제가 누군가를 고칠 수 있다고 주장하지 않을 것입니다. 하지만 저는 하나님의 말씀을 믿습니다. "나를 믿는 자는 내가 하는 일을 그도 할 것이요 또한 그보다 큰 일도 하리니 이는 내가 아버지께로 감이라"(요 14:12). 그분은 사랑스러우십니다. 사랑스러운 예수님!

주님은 이 모든 것을 아신다네

주님은 이 모든 것을 아신다네

내 하늘 아버지도 이 모든 것을 아신다네

슬픈 눈물이 얼마나 빨리 흐르는지 주님은 아신다네

내 아버지도 모두 아신다네

주님이 사랑스럽지 않습니까? 만일 여러분이 오늘밤 구원을 받는다면, 여러분은 새로운 노래를 부르게 될 것입니다.

주님은 이 모든 것을 아신다네
주님은 이 모든 것을 아신다네
내 하늘 아버지도 이 모든 것을 아신다네
흘러넘치는 이 기쁨을 주님은 아신다네
내 하늘 아버지도 이 모든 것을 아신다네

성령세례를 받기 전, 저는 단지 원래 쓰인 가사대로 찬양을 많이 했습니다. 그런데 하나님은 이것을 바꾸기 시작하셨고, 많은 노래들을 바꾸셨습니다. 저는 하나님께서 여러분의 노래 또한 바꾸길 원하신다고 믿습니다. 그분은 저를 위해 다음 노래의 가사를 바꾸셨습니다. 이 노래의 가사는 원래 이렇습니다.

오, 그러면 그것이 내게 영광이 될 것이라네
그것은 내게 영광이 될 것이라네

그런데 하나님은 이 가사를 이렇게 바꾸셨습니다.

오, 이제 그것은 내게 영광이라네
이제 그것은 내게 영광이라네

이제 그분의 은혜로 나는 그분의 얼굴을 볼 수 있다네

이제 그것은 나를 위한 영광, 영광이라네

저는 이것이 여러분의 가사가 되길 원합니다. 현재형의 노래는 미래형의 노래보다 훨씬 더 좋습니다. 여러분이 온전한 구원을 얻었다면, 현재형의 노래를 갖게 될 것입니다. 때로 뭔가를 바라는 것은 좋은 것이지만, 그것을 소유하는 것은 더 좋습니다.

저는 제가 성령으로 세례를 받을 것이라고 바라고 믿곤 했습니다. 그러나 제가 방언을 말했을 때(아니 그분이 말씀하셨을 때), 저는 제가 세례를 받았다는 것을 알았습니다. 여러분이 성령으로 세례를 받을 때, 성령께서는 여러분을 통해 말씀하십니다. 그러면 여러분은 보혜사가 오셨다는 것을 압니다.

그분이 여러분에게 오셨습니까? 보혜사가 여러분에게 오셨습니까? 여러분은 그분을 소유해야 합니다. 여러분은 성령으로 충만해야 합니다. 여러분은 넘쳐야 합니다. 예수님께서 말씀하십니다. "성령이 너희에게 임하시면 너희가 권능을 받고"(행 1:8). 저는 여러분에게 권능이 있길 원합니다.

예수님의 놀라운 말씀들

다음의 말씀을 봅시다. "너희가 내 이름으로 무엇을 구하든지 내가 행하리니 이는 아버지로 하여금 아들로 말미암아 영광을 받으시게 하려 함이라"(요 14:13). 우리가 그분의 이름으로 구하면, 그분은 이를 행하십니다! 누가 이 말씀을 하셨습니까? 예수님이십니다. 그 복되신 예수님이, 그 사랑스런 예수님, 하늘에서 성육신하신 그분, 그 복되신 하나님의 아들께서 말씀하셨습니다. 그분은 얼마나 우리를 축복해주길 원하시는지요! 그분은 얼마나 온전히 구원하시는지요!(히 7:25)

어느 누구도 주님이 말하신 것처럼 말한 적이 없습니다(요 7:46). 그분이 무슨 말씀을 하셨습니까? "수고하고 무거운 짐 진 자들아 다 내게로 오라 내가 너희를 쉬게 하리라"(마 11:28). 또 예수님께서 자신에 대해 어떻게 말씀하셨는지 들어보십시오. "하나님이 그 아들을 세상에 보내신 것은 세상을 심판하려 하심이 아니요 그로 말미암아 세상이 구원을 받게 하려 하심이라"(요 3:17). 이 얼마나 아름다운 말씀입니까? 예수님은 우리 모두가 구원받길 원하십니다.

여러분은 예수님이 슬퍼하신 경우를 보신 적이 있습니까? 감람산에서 예루살렘을 바라보시며 울면서 말씀하신 주님을 보십시오. "예루살렘아 예루살렘아 … 암탉이 그 새끼를 날개 아래에 모음같이 내가 네 자녀를 모으려 한 일이 몇 번이더냐 그러나 너희가 원하지 아니하였도다"(마 23:37). 이 말씀을 여러분에게 적용한다면 "암탉이 그 새끼를 날개 아래에 모음 같이 내가 (너희를) 모으려 한 일이 몇 번이더냐 그러나 너희가 원하지 아니하였도다"라고 하시지 않을까요?

주님께서 하신 말씀을 들어보십시오. "너희가 내 이름으로 무엇을 구하든지 내가 행하리니"(요 14:13). 여러분은 무엇을 원하십니까? 그리고 얼마나 많이 원하십니까? 원하시는 것이 있습니까? 여러분은 목마르십니까? 예수님께서는 목마른 자에게 생수를 주겠다고 말씀하십니다(계 22:17). 배가 고프십니까? 인자의 살을 먹고 피를 마시는 자는 영원히 살 것입니다(요 6:54).

여러분은 영원히 살고 싶으십니까? 얼마나 많은 사람들이 구원을 받기 위해 나오고 있습니까? 다음의 말씀을 들어보십시오. "너희가 내 이름으로 무엇을 구하든지 내가 행하리니"(요 14:13). 이는 살아 계신 하나님, 그 하나님의 아들의 말씀입니다. 하나님은 예수님에 대해 얼마나 아름답게 이야기하시는지요! "이는 내 사랑하는 아들이요"(마 3:17). 그러나 예수님은 우리를 위해 자신을 주셨습니다. 그분은 우리를 위해 속전으로 자신을 주셨습니다.

오늘 얼마나 많은 분들이 그분을 영접하시겠습니까? 생수를 마음껏 드십시오. 여러분은 "어떻게 내가 그분을 영접할 수 있습니까?"라고 물을지 모르겠습니다. "주 예수를 믿으라 그리하면 너와 네 집이 구원을 받으리라"(행 16:31). 예수님은 "내 말을 듣고 또 나 보내신 이를 믿는 자는 영생을 얻었고"(요 5:24)라고 말씀하셨습니다.

예수님을 따랐던 자들은 누구였습니까? 그들은 그분을 마음으로 사랑했던 자들입니다. 여러분은 그분을 마음으로 사랑하십니까? 오늘부터 그분을 사랑한다면, 여러분은 모든 종류의 죄를 미워하고 모든 종류의 의를 사랑하게 될 것입니다. 이것이 비밀입니다. 하나님을 사랑한다고 말하면서 실제로는 이 세상을 사랑하는 자는 거짓말쟁이입니다. 하나님께서는 진리가 그 안에 있지 않다고 말씀하십니다(요일 2:4).

누구든지 세상을 사랑하면 아버지의 사랑이 그 속에 있지 않습니다(요일 2:15).

여러분은 오늘밤에 하나님을 사랑하는지 아닌지를 알 수 있습니다. 여러분은 세상을 사랑하십니까? 그렇다면 하나님 아버지의 사랑이 여러분 안에 있지 않습니다. 만일 여러분이 세상을 미워한다면, 주 예수님의 사랑이 여러분 안에 있습니다. 할렐루야!

저는 여러분이 그분을 사랑하길 원합니다. 그분은 사랑할 만한 분이십니까? 그분께서는 무슨 일을 행하셨습니까? 그분은 구원을 가져다주셨습니다. 그분은 구원을 위해 죽으셨습니다. 죄의 삯은 사망이요, 하나님의 은사는 그리스도 우리 주 예수 안에 있는 영생입니다(롬 6:23).

저는 이에 대한 결정을 여러분께 맡깁니다. 여러분은 그분을 사랑하시겠습니까? 그분을 섬기시겠습니까? 그분은 아십니다. 그분은 이해하십니다.

예수님처럼 나를 사랑하는 자는 없다네
그분처럼 나를 아는 자는 없다네
그분은 당신의 모든 시련을 아시고
당신의 모든 질병을 아신다네
그분처럼 나를 아는 자는 없다네

예수님께서 이렇게 말씀하십니다. "내게로 오라"(마 11:28). 그분은 여러분의 필요를 아십니다.

Chapter 11

구원하는 믿음

믿음으로 에녹은 죽음을 보지 않고 옮겨졌으니 하나님이 그를 옮기심으로 다시 보이지 아니하였느니라 그는 옮겨지기 전에 하나님을 기쁘시게 하는 자라 하는 증거를 받았느니라 믿음이 없이는 하나님을 기쁘시게 하지 못하나니 하나님께 나아가는 자는 반드시 그가 계신 것과 또한 그가 자기를 찾는 자들에게 상 주시는 이심을 믿어야 할지니라 (히 11:5-6)

하나님께서 여러분의 인생 가운데 그분의 계획을 이루실 수 있다는 사실을 믿으십시오. 그분은 여러분이 믿기만 하면 강력하게 역사하실 것입니다. 여러분이 믿으려 한다면, 위대한 가능성들이 여러분이 잡을 수 있는 거리 안에 있습니다.

우리가 하나님이 살아 계신 것과 지금도 일하고 계신 것을 믿기만 하면, 악한 영들은 더 이상 우리를 통제할 수 없습니다. 저는 믿습니다! 저는 제가 모든 어둠의 권세들로부터 자유하다는 것과 모든 악의 세력들로부터 자유하다는 것을 압니다. 그리스도께서 말씀하셨습니다. "진리를 알지니 진리가 너희를 자유롭게 하리라"(요 8:32). 여러분은 자유하기 때문에 자유케 된 자의 자유 가운데로 들어가 하나님의 소유들을 주장할 수 있습니다.

믿으라!

이것은 성령의 섭리입니다. 하나님께서 저를 성령으로 충만하게 하신 지 33년이 되었습니다. 33년 전 제 뼛속에서 불탔던 그 불은 지금도 여전히 타고 있으며, 그때보다 지금 하나님을 위해 더 많은 활동을 하고 있습니다. 성령의 공급하심은 소진되지 않았습니다.

하나님은 믿고자 하는 사람들을 기다리고 계십니다. 그리고 여러분이 믿을 때에 모든 것이 가능해집니다(막 9:23).

믿기만 하라 믿기만 하라
모든 것이 가능하다 믿기만 하라
믿기만 하라 믿기만 하라
모든 것이 가능하다 믿기만 하라

하나님은 여러분의 마음에서 모든 믿음을 끌어내길 원하십니다. 그분은 여러분이 그분의 말씀을 믿기 원하십니다. 그것은 성령의 말씀입니다. 만일 여러분이 여러분과 말씀 사이에 뭔가가 방해하도록 방치한다면, 그것이 여러분의 시스템 전부를 독으로 물들여 여러분은 소망을 잃게 될 것입니다. 말씀을 거스르는 한 조각의 불신이라도 우리에게 독이 됩니다. 그것은 마치 마귀가 여러분에게 창을 꽂는 것과 같습니다. 생명의 말씀은 천국의 호흡이며, 생명을 주는 능력이고, 그 능력으로 여러분의 자아가 변화됩니다. 이를 통해 여러분은 하늘에 계신 그분의 형상을 입기 시작합니다.

남아공에서의 기적

어느 날 결핵으로 죽어가던 남아공의 한 젊은이가 저의 책을 읽었습니다. 그는 즉시 구원을 받았고, 그 순간 하나님께서 그를 고쳐주셨습니다. 이 젊은이는 하나님을 아는 지식에 많이 자라나서 후에 목사가 되었습니다. 5년 전 제가 남아공에 방문했을 때, 그가 마치 저의 아들처럼 저에게 와서 말했습니다. "괜찮으시다면, 당신과 함께 남아공 전역을 다니고 싶습니다."

그는 이 일을 위해 가장 좋은 차를 샀습니다. 남아공에 가시면 쟁기로 밭을 간 들녘을 지날 수 있는 차가 필요합니다. 그런 차가 있어야 거친 지형과 젖은 땅을 통과할 수 있습니다. 그 젊은이는 저를 데리고 줄루족의 모든 지역을 자동차로 다녔습니다. 그리고 하나님은 우리로 하여금 모든 것을 경험토록 하셨습니다. 생명에 대해 말씀하십시오! 왜냐하면 이것이 이기는 생명이기 때문입니다!

제가 케이프타운에 갔을 때, 마귀가 준 암 때문에 얼굴이 죽음으로 가득한 한 사람이 있었습니다. 저는 사람들에게 이렇게 말했습니다. "여기 심한 고통을 겪고 있는 사람이 있습니다. 그는 제가 자신에 대해 말하고 있는 것조차 모릅니다. 저는 여러분에게 선택권을 드리겠습니다. 여러분이 제가 그 사람을 고쳐줘서 그도 이 모임을 즐길 수 있도록 해주길 원한다면, 제가 내려가서 예수님의 이름으로 그 사람을 고쳐줄 것입니다. 아니면 저는 설교만 하겠습니다." 사람들이 말했습니다. "내려오십시오."

저는 청중에게로 내려갔고, 사람들은 하나님이 어떤 일을 하실 수 있는지 지켜보았습니다. 그들은 그 사람이 소리치고 고함치는 것을 보았습니다. 왜냐하면 그는 마치 술에 취한 사람 같았기 때문입니다. 그는 소리쳤습니다. "저는 묶여 있었습니다. 그런데 지금 저는 자유해졌습니다." 그 사람이 변화되는 모습을 지켜보는 것은 놀라운 일이었습니다.

매년 거듭되는 수술에 아내를 위해 4,500달러를 쓴 한 남자가 무기력해진 상태에서 아내를 집회에 데려왔습니다. 저는 그녀에게 가서 말했습니다. "여기 보십시오. 지금은 당신의 인생에 있어서 가장 큰 기회입니다. 제가 오늘밤 강단으로 사람들을 초청할 것이고, 50명의 사람들이 앞으로 나올 것입니다. 만약 그들이 해방되는 것을 보면 믿으십시오. 그러면 당신도 그들처럼 해방될 것입니다. 그런 다음에 우리는 당신의 간증을 들을 것입니다."

그렇게 집회가 시작되었고, 강단 초청 시간이 되자 사람들이 앞으로 나왔습니다. 저는 그들에게 예수님의 이름으로 안수했습니다. 그리고 제가 그들에게 "간증하십시오"라고 하자 그들이 간증했습니다. 이 여인은 그들의 얼굴을 보았습니다. 모든 사람의 간증이 끝난 후 제가 그녀에게 물었습니다. "믿습니까?" 그녀는 "저는 믿을 수밖에 없네요"라고 말했습니다. 믿음이 나타날 때에는 무언가가 있습니다.

저는 예수님의 이름으로 그녀에게 안수했습니다. 그러자 하나님의 능력이 그녀를 관통했습니다. 저는 그녀를 향해 "예수의 이름으로 일어나 걸을지어다"라고 말했습니다. 불가능하다고요? 믿음의 모험을 하지 않는다면, 여러분은 평생 평범한 사람으로 남을 것입니다. 만일 여러분이 불가능해 보이는 것들을 믿는다면, 하나님은 여러분이 구하거나 생각하는 것보다 훨씬 더 많은 일들을 풍성하게 행하실 것입니다(엡 3:20).

그녀는 마치 대포로 쏘아올려진 것처럼 벌떡 일어났습니다. 그녀의 남편은 기쁨과 흥분을 주체하지 못했을 것입니다. 왜냐하면 그의 아내가 하나님의 능력으로 힘 있게 움직이고 자유케 된 것을 보았기 때문입니다. 그녀는 집회 첫날부터 계속해서 하나님께 영광을 돌렸습니다.

놀라우신 예수님

하나님의 거룩한 계획은 인간의 모든 생각보다 훨씬 더 큽니다. 우리가 그분의 주권에 기꺼이 항복하고 거침이 없이 나아갈 때 경험하는 하나님은 얼마나 놀라운 분이신지요! 그분은 우리의 모든 삶이 천국의 향기로 가득 찰 때까지 언제나 기꺼이 문을 열어주십니다.

예수님은 신성의 본질이시며 충만이십니다. 그리고 그분은 우리 마음 가운데 거하십니다. 이 얼마나 놀랍고 매력적인 분이신지요! 그분의 무언가가 가장 어두운 곳에서도 불을 붙입니다. 우리 주님의 무언가가 모든 어둠을 빛으로 만드십니다. 그분을 소유하면, 우리는 우리가 말하고 생각하는 것보다 훨씬 더 많은 것을 소유하게 됩니다. 하나님의 아들은 세상을 불타오르게 하실 수 있고, 우리가 사는 곳으로 천국을 가져오실 수 있습니다. 하나님을 믿으십시오. 그러면 여러분이 못할 것이 없을 것입니다(마 17:20).

Chapter 12
화염검의 사역

영광스러운 성령의 능력이 우리를 준비시킵니다. 우리의 가장 위대한 주제는 우리 주님의 장엄함의 영광입니다. 그분의 얼굴, 그분의 부드러우심, 그분의 달콤하심이 그것입니다! 그분은 우리의 마음이 영원히 그분과 함께하길 간절히 원하도록 만드십니다. 그리고 그렇게 될 것입니다.

그런즉 이 일에 대하여 우리가 무슨 말 하리요 만일 하나님이 우리를 위하시면 누가 우리를 대적하리요 … 누가 우리를 그리스도의 사랑에서 끊으리요 환난이나 곤고나 박해나 기근이나 적신이나 위험이나 칼이랴 … 그러나 이 모든 일에 우리를 사랑하시는 이로 말미암아 우리가 넉넉히 이기느니라 내가 확신하노니 사망이나 생명이나 천사들이나 권세자들이나 현재 일이나 장래 일이나 능력이나 높음이나 깊음이나 다른 어떤 피조물이라도 우리를 우리 주 그리스도 예수 안에 있는 하나님의 사랑에서 끊을 수 없으리라 (롬 8:31, 35, 37-39)

이 말씀을 생각만 해도 매우 기쁩니다! 누가 우리를 그리스도의 사랑에서 끊을 수 있겠습니까?(롬 8:35) 우리가 자신감과 확신 그리고 안식을 얻을 수 있는 곳이 바로 이곳입니다. 여기에서 하나님은 모든 인간의 연약함을 완벽하게 조정하십니다. 여러분은 마치 하나님의 임재의 영광이 가득하게 나타난 변화산상에 서 있는 것 같습니다.

여러분은 "저는 제 안에서 모든 일이 합력하여 선을 이룬다는 것을 알고 있습니다"(롬 8:28)라고 말할 수 있습니다. 파괴될 수 있는 모든 것이 지금 조용히 파괴되고 있습니다. 이는 그분께서 여러분의 몸 안에서 으뜸이 되시기 위함입니다. 하나님이 우리를 위하시면 누가 우리를 대적하겠습니까?(롬 8:31)

하나님은 지금 새로운 창조를 하고 계십니다. 하나님의 아들들이 드러날 것이며, 여러분은 성령 안에서 여러분의 유업을 분명히 보게 될 것임에 틀림없습니다. 그 어떤 것도 여러분을 그리스도의 사랑에서 분리할 수 없습니다(롬 8:38-39). 하나님은 이 땅의 성전인 여러분 안에서 능력과 성령의 나타나심과 은혜가 있는 아들을 낳으셨으며, 이미 이 땅에서 영광으로 관을 씌우셨습니다. "내게 주신 영광을 내가 그들에게 주었사오니"(요 17:22).

주의 성령께서 지금 저에게 보여주고 계신 것이 있습니다. 그것은 하나님께서 창세전에 그분의 마음속에 그들을 가지고 계셨다는 사실을 볼 수 있는 사람들을 얻기 원하신다는 것입니다(엡 1:4). 하나님은 모든 곤란을 통과해 지금까지 우리를 구원하셨고, 지금도 그렇게 하고 계십니다.

주님은 죄가 더한 곳에 그분의 은혜를 넘치게 주셨습니다(롬 5:20). 우리의 생명을 훔치기 위해 질병이 들어왔을 때, 하나님께서 표준을 세우셨습니다. 우리는 환난을 통과했습니다. 하나님은 우리를 정결하게 만들고 계시며, 우리에게 힘을 주시고, 거룩한 담대함으로 우리를 무장시키십니다. 그래서 우리는 결국 "그런즉 이 일에 대하여 우리가 무슨 말 하리요 만일 하나님이 우리를 위하시면 누가 우리를 대적하리요"(롬 8:31)라고 말할 수 있습니다.

우리를 무장시켜 지금까지 오게 한 것을 버려야만 합니까? 역경의 날에 우리의 마음이 낙담하도록 내버려둬야 하겠습니까? 아닙니다! 하나님은 이미 우리를 강하게 하시고, 온전하게 만드셨습니다. 약한 것이 강하게 되었습니다! 부패는 순결함으로 바뀌었습니다! 환난 중에 하나님의 불이 우리를 정결케 하셨습니다. "그런즉 이 일에 대하여 우리가 무슨 말 하리요"(롬 8:31). "우리의 잠시 받는 환난의 경한 것이 지극히 크고 영원한 영광의 중한 것을 우리에게 이루게 함이니"(고후 4:17).

새 창조의 능력

사람들은 하나님의 영광이 임하고, 하나님의 흔적이 모든 것에 남아 있고 몸 안에 성령의 요새가 세워지는 집회에 참석합니다. 그런데 다음날 아침에 사탄이 그들을 공격합니다. 왜 이런 일이 일어납니까? 영적 생명과 하나님의 아들의 나타나심과 새 창조의 능력이 이미 우리의 몸에 있습니다. 하지만 원수의 전쟁터인 육신은 여전히 시험을 받습니다. 그러나 지금 하나님이 만들고 계신 것은 죽을 몸보다 더 위대합니다. 왜냐하면 하나님의 자녀의 영광의 자유를 깨우는 영은 더 위대하기 때문입니다. "그런즉 이 일에 대하여 우리가 무슨 말 하리요?"(롬 8:31) 어떻게 이를 장차 올 것과 비교할 수 있겠습니까?

"살리는 것은 영이니 육은 무익하니라"(요 6:63). 비록 벌레들이 이 몸을 갉아먹겠지만(욥 19:26, KJV), 저는 이 생명보다 더 큰 생명을 가지고 있으며, 그 생명은 하나님을 바라보고 완전 가운데 거하시는 그분을 보며 그분처럼 변화될 것입니다. 하나님의 임재를 통해 새 창조는 우리를 옷 입히고, 우리는 그분처럼 될 것입니다.

이런 사실을 알고 있는데 마귀에게 양보해야 하나요? 두려워해야 하나요? 저의 감정 때문에 하나님의 말씀에 대한 경험을 부인해야 하나요? 저의 두려움을 믿어야 하나요? 아닙니다! 절대 아닙니다! 육신에는 선한 것이 거하지 않습니다(롬 7:18). 그러나 하나님은 우리의 영에 생명을 주셨습니다. 그래서 우리는 결국 거룩한 새 생명을 살고, 영원히 하나님을 위해 변화될 것입니다.

"그런즉 이 일에 대하여 우리가 무슨 말 하리요?"(롬 8:31) 여러분은 하나님께서 지금까지 여러분을 위해 일하셨음에도 불구하고, 또 다시 실망의 자리로 가시겠습니까? 아니면 시련의 시간 동안에 굳게 서서 "우리가 지금은 하나님의 자녀라"(요일 3:2)라는 말씀대로 하나님께서 여러분의 기도에 응답하셨으며, 여러분의 집에 빛을 주셨고, 육신에서 구원하셨으며, 그 누구도 도울 수 없을 때에 만져주셨던 것을 기억하겠습니까?

"누가 능히 하나님께서 택하신 자들을 고발하리요"(롬 8:33). 저는 제가 믿는 자를 압니다(딤후 1:12). 그래서 저는 자신을 위해 우리를 만드신 그분께서 우리에게 주신 믿음을 통해 생명의 면류관을 받는 자리로 우리를 반드시 인도하실 것이라 확신합니다. 하나님은 여러분 안에 계셔서 성령으로 말미암아 새 창조를 강력하게 이루고 계십니다. 이는 여러분이 그분 안에서 영광을 나타내도록 준비시키시기 위함입니다.

한번은 누군가가 "저에게 문제가 있어요. 어떤 사람이 늘 저를 저주한답니다"라고 말했습니다. "만일 하나님이 우리를 위하시면 누가 우리를 대적하리요?"(롬 8:31) 하나님은 결코 축복에 인색하지 않으십니다. 주님은 그분이 가지신 모든 것 속으로 우리를 데려가실 것입니다. "자기 아들을 아끼지 아니하시고 우리 모든 사람을 위하여 내주신 이가 어찌 그 아들과 함께 모든 것을 우리에게 주시지 아니하겠느냐?"(롬 8:32) 하나님은 우리에게 그분의 사랑의 심장이신 예수님을 주셨습니다. 그분은 '그 본체의 형상'(히 1:3)이시며, 완전한 밝음이시고, 순결과 의와 영광이십니다.

저는 주님을 많이 뵈었습니다. 그리고 그분은 언제나 저를 변화시키십니다. 여러분의 고민을 극복하는 승리도 '모든 것'(롬 8:32) 중 하나입니다. 많은 곤란 때문에 제 마음이 깨어졌습니다. 하지만 저는 고통 가운데 있는 자에게 다음처럼 말할 수 있습니다. "하나님은 당신의 마음보다 크시며, 당신의 상황보다 크시고, 당신을 붙들고 있는 것보다 크십니다. 당신이 감히 그분을 믿기만 하면, 하나님은 당신을 구원해주실 것입니다." 그러나 사람들로 하여금 하나님을 믿도록 하기 전, 저는 먼저 이것을 강조하고 또 강조하고 강조해야 합니다.

한 귀한 여인이 놀랍게도 귀신에게서 놓임을 받고 구원을 받았습니다. 그러나 그녀는 "저는 담배에 중독되었어요. 어떻게 해야 하나요?"라고 말했습니다. 저는 "아, 밤낮으로 담배를 피십시오"라고 말했습니다. 그녀는 "우리는 포도주를 한 잔씩 해요. 저는 그것을 끊을 수가 없어요"라고 말했습니다. 저는 "마실 수 있을 만큼 실컷 드세요"라고 말했습니다. 그녀가 말했습니다. "우리는 카드놀이를 해요." 제가 말했습니다. "계속해서 즐기세요!" 그러다가 그녀가 구원을 받자 그녀는 하녀를 불러 말했습니다. "런던에 전보를 쳐서 담배를 보내지 말라고 하세요." 새 생명은 이런 것들을 원치 않습니다. 그런 것에 대한 욕구도 없습니다. 옛것들은 보좌에서 쫓겨났습니다.

하루는 한 목사가 저를 찾아와서 이렇게 말했습니다. "저는 담배가 피우고 싶어 미치겠습니다." 제가 말했습니다. "그게 옛 사람입니까, 아니면 새 사람입니까?" 이 말에 그가 무너졌습니다. "그것이 옛 사람이란 것을 잘 압니다"라고 그가 말했습니다. "옛 사람과 그 행위를 벗어 버리고"(골 3:9).

어떤 사람이 저에게 이렇게 말했습니다. "저는 어떤 사람과 부적절한 관계를 맺고 있습니다." 제가 말했습니다. "당신에게는 계시가 필요합니다. 하나님께서 당신에게 예수님을 주셨기 때문에 그분은 당신에게 모든 것을 주실 것입니다. 그분은 당신에게 그것을 이길 힘을 주실 것이며, 그것은 부서질 것입니다." 그리고 하나님은 그것을 부수셨습니다.

하나님께서 여러분의 육신을 만지시도록 허락하십시오. 그분은 여러분의 영에 생명을 주셨습니다. 그분께서 통치하시도록 허락하십시오. 왜냐하면 그분께서 모든 것이 복종할 때까지 통치하실 것이기 때문입니다. 그분은 여러분 인생의 왕이시며, 여러분의 감정과 의지와 욕망과 계획보다 뛰어나신 분입니다. 그분은 만군의 주로서 여러분을 다스리시며, 여러분 안에 그리고 여러분을 통해 다스리시고, 여러분의 잘못을 깨닫게 하시며, 여러분이 원하는 안식처를 완벽하게 만드실 것입니다.

"너희 안에 계신 그리스도시니 곧 영광의 소망이니라"(골 1:27). "누가 우리를 그리스도의 사랑에서 끊으리요?"(롬 8:35) 과거에는 우리가 끊어진 적이 있지만, 이제 더 이상 그렇지 않습니다. 우리에겐 비전이 있습니다. 그 비전은 무엇인가요? 그것은 '감추었던 만나'(계 2:17)를 먹는 날입니다.

화염검의 유익

제가 성령으로 세례를 받았을 때, 하나님께서 저에게 놀라운 진리를 보여주셨습니다. 아담과 이브가 범죄하여 에덴동산에서 쫓겨났을 때, 생명나무는 화염검의 보호를 받았습니다. 만일 그들이 동산에 들어갔다면, 그것은 죽음의 칼이 되었을 것입니다. 그러나 성령세례를 받았을 때 그 생명나무가 바로 제 안에 들어왔으며, 화염검이 밖에서 마귀가 저에게 들어오지 못하도록 지켜주었습니다. 그래서 저는 언제나 영생하는 떡을 먹을 수 있습니다. 그 어느 것도 이 생명에서 우리를 끊을 수 없습니다. 그 생명은 놀랍게도 영원히 계속해서 증가하고 있습니다.

"누가 우리를 그리스도의 사랑에서 끊으리요?"(롬 8:35) 우리에게 시련이 닥쳐올 것입니다. 그러나, 우리는 그것을 통해 정금같이 나오게 될 것입니다. 여러분은 핍박받는 자 가운데서 가장 성숙하고 거룩하며, 가장 순결하고 뜨겁고 거룩한 질서로 충만한 사람들을 보게 될 것입니다. 이 모든 것이 합력하여 선을 이룹니다(롬 8:28). 모든 것이 도움이 될 뿐입니다. 고난은 여러분을 높여줍니다. 고통은 여러분에게서 한숨이 나오게 하지만, 하나님은 여러분에게 승리를 주십니다. 모든 어둠의 세력들보다 여러분 안에 계신 이가 더 크십니다(요일 4:4).

여러분이 그분 안에 거하실 때, 어떤 일이 생기더라도 그것은 여러분의 유업을 잃지 않도록 도우시는 하나님의 선하신 손입니다. 모든 시련은 여러분을 고양시키며, 모든 무거운 짐(burden)이 강한 능력으로 바뀌는 장소가 됩니다. 하나님께서 일하실 것입니다.

"누가 능히 하나님께서 택하신 자들을 고발하리요?"(롬 8:33) 사람들은 우리를 고발하겠지만, 아무런 소용이 없습니다. 하나님이 우리를 위하시기 때문입니다(롬 8:31). "기록된 바 하나님이 자기를 사랑하는 자들을 위하여 예비하신 모든 것은 눈으로 보지 못하고 귀로 듣지 못하고 사람의 마음으로 생각하지도 못하였다 함과 같으니라 오직 하나님이 성령으로 이것을 우리에게 보이셨으니 성령은 모든 것 곧 하나님의 깊은 것까지도 통달하시느니라"(고전 2:9-10). "너를 치려고 제조된 모든 연장이 쓸모가 없을 것이라"(사 54:17).

하나님의 위대한 손이 여러분 위에 있는 목적을 아십시오. 고통과 핍박 중에서도 하나님을 영화롭게 하십시오. 왜냐하면 하나님의 영은 이런 상황에서도 나타나시기 때문입니다. 훈계를 받으십시오! 완전해지십시오! 그 높이와 깊이와 너비를 알기 위해 정진하십시오.

믿음은 승리입니다(요일 5:4). 소망이 여러분 안에 있습니다(벧전 3:15). 여러분 앞에 기쁨이 놓여 있습니다(히 12:2). 하나님은 모든 지식을 초월하는 평강을 주십니다(빌 4:7). 우리는 말씀의 정결케 하시는 능력 앞에서 육신이 쇠한다는 것을 압니다. 여러분을 이곳까지 인도하신 하나님께서 끝까지 인도하실 것입니다. 저는 하나님께로부터 오는 계시가 필요할 때에 슬퍼하며 크게 울었습니다. 하지만 이제는 그럴 필요가 없습니다.

주님은 우리를 높이시고 변화시키시며, 우리 가운데 역사하십니다. 그분은 "네 안에 흠이 없구나"라고 말씀하실 때까지 우리의 몸과 영혼을 새롭게 하십니다. 그렇습니다. 우리를 그분께 더 가까이 다가가게 하는 것은 핍박과 환난과 고통입니다. 시련의 장소는 곧 하나님이 성령을 통해 역사하시는 높임의 장소이며, 변화의 장소입니다. 이 길을 우회하지 마십시오. 하나님께서 그분의 길로 행하시도록 허락하십시오.

하나님은 손을 펴서 그분의 사랑의 겉옷으로 우리를 덮으시고, 그분의 은혜의 물가로 더욱 가까이 데려가십니다. 그럴 때에 우리의 마음은 감동을 받고, 항복하여 주님께로 돌아갑니다. 그러자 모든 순간은 하나님이 우리를 만나시고 그분의 팔을 펴시며 "너희는 내 얼굴을 찾으라"(시 27:8), "나를 앙망하라"(사 45:22)고 말씀하시는 거룩한 장소가 되었습니다.

주님께서 여러분을 향해 얼마나 큰 사랑을 가지고 계신지 보십시오. 그 사랑은 여러분을 생수의 근원으로 인도합니다. 주님께 복종하십시오! 그분의 인도함을 받으십시오! 하나님께서 영광을 받으시게 하십시오! 아멘.

Chapter 13

시작하라

무리가 몰려와서 하나님의 말씀을 들을새 예수는 게네사렛 호숫가에 서서 호숫가에 배 두 척이 있는 것을 보시니 어부들은 배에서 나와서 그물을 씻는지라 예수께서 한 배에 오르시니 그 배는 시몬의 배라 육지에서 조금 떼기를 청하시고 앉으사 배에서 무리를 가르치시더니 말씀을 마치시고 시몬에게 이르시되 깊은 데로 가서 그물을 내려 고기를 잡으라 시몬이 대답하여 이르되 선생님 우리들이 밤이 새도록 수고하였으되 잡은 것이 없지마는 말씀에 의지하여 내가 그물을 내리리이다 하고 그렇게 하니 고기를 잡은 것이 심히 많아 그물이 찢어지는지라 이에 다른 배에 있는 동무들에게 손짓하여 와서 도와 달라 하니 그들이 와서 두 배에 채우매 잠기게 되었더라 시몬 베드로가 이를 보고 예수의 무릎 아래에 엎드려 이르되 주여 나를 떠나소서 나는 죄인이로소이다 하니 이는 자기 및 자기와 함께 있는 모든 사람이 고기 잡힌 것으로 말미암아 놀라고 세베대의 아들로서 시몬의 동업자인 야고보와 요한도 놀랐음이라 예수께서 시몬에게 이르시되 무서워하지 말라 이제 후로는 네가 사람을 취하리라 하시니 (눅 5:1-10)

저는 설교할 때마다 하나님의 말씀이 생명으로 가득하고 우리를 변화시킨다는 사실에 감동을 받습니다. 하나님의 말씀은 우리 안에 실현되어야 합니다.

어떻게 하면 더 많은 믿음을 얻을 수 있을까요? 하나님의 말씀은 "믿음은 들음에서 나며 들음은 그리스도의 말씀으로 말미암았느니라"(롬 10:17)고 말합니다. 믿음은 선물입니다. 우리는 믿음으로 우리의 유업을 받습니다. 우리는 영적인 자녀들, 즉 "하나님의 흠 없는 자녀"(빌 2:15)입니다. 하나님께서 그분의 강력으로 우리 안에 이 사실을 나타내시길 기도합니다.

사람들은 예수님께 "당신을 밴 태가 복이 있도소이다"(눅 11:27)라고 말했습니다. 그러나 예수님은 "오히려 하나님의 말씀을 듣고 지키는 자가 복이 있느니라"(눅 11:28)고 말씀하셨습니다. 이 얼마나 복되신 하나님의 그리스도이십니까! 그들은 이렇게 말했습니다. "그 사람의 말하는 것처럼 말한 사람은 이 때까지 없었나이다"(요 7:46). 주님은 그 시대의 서기관들과 같지 않았고 권세 있는 자처럼 가르치셨습니다(마 7:29).

하나님의 살아 계신 아들(그분의 사랑의 아들)은 지혜를 가지고 우리에게 오셔서 그분의 아버지의 숨결을 전하셨습니다. 우리는 생명을 주시는 성령을 알았습니다. 우리가 믿는 순간 새로운 성품과 새 생명을 얻었습니다. 예수님에게는 놀라운 말씀과 감미로운 영향력이 있었습니다. 사람들은 그분의 아름다운 눈에서 사랑을 보았고, 그분의 임재 앞에서 죄를 깨달았습니다.

놀라운 수확

사람들이 예수님 주변에 몰려들었습니다. 그러자 주님은 배에 앉으셔서 가르치셨습니다. 그런 후에 예수님은 베드로에게 말씀하셨습니다. "깊은 데로 가서 그물을 내려 고기를 잡으라"(눅 5:4). 그러자 베드로가 대답했습니다. "우리들이 밤이 새도록 수고하였으되 잡은 것이 없지마는"(눅 5:5). 아마도 그는 속으로 '주님, 당신은 고기 잡는 법에 대해 잘 모르십니다. 낮에는 고기를 잡지 못합니다'라고 생각했을지도 모릅니다. 그러나 그는 "말씀에 의지하여 내가 그물을 내리리이다"(눅 5:5)라고 말했습니다. 저는 호수에 살고 있는 모든 고기들이 그 그물 안으로 들어가려 했을 것이라고 생각합니다. 그들은 예수님을 보고 싶었을 것입니다. 우리도 예수님을 봐야만 합니다.

베드로는 물고기로 배를 한가득 채우고 또 다른 배까지 채웠습니다. 만약 모든 그물을 내렸다면 어떤 일이 벌어졌을까요? 하나님을 믿으십시오! 그분께서 "나를 앙망하라 그리하면 구원을 얻으리라"(사 45:22)고 말씀하십니다. 주님께서는 "수고하고 무거운 짐 진 자들아 다 내게로 오라 내가 너희를 쉬게 하리라"(마 11:28)고 말씀하십니다. 또한 "믿는 자는 영생을 가졌나니"(요 6:47)라고 말씀하십니다. 믿으십시오! 오, 믿으십시오! 이것은 하나님의 말씀입니다!

예수님을 보는 것은 새로운 길을 보는 것이고, 모든 것을 다르게 보는 것입니다. 그것은 새 생명과 새로운 계획들을 의미합니다. 우리가 그분을 보면 만족감을 느낍니다. 주님과 같은 분은 없으며, 그분 앞에서 죄는 떠나갑니다.

예수님은 아버지 하나님의 본체의 형상이십니다(히 1:3). 하나님이 우리 가운데 계실 수 없기 때문에 예수님에게 영원한 자원을 가지고 몸을 입히셨습니다. 우리 다 함께 그분께로 모입시다. 그분을 향해 움직입시다. 주님은 우리에게 필요한 모든 것을 가지고 계십니다. 그분은 우리 마음의 소원을 이루시고 우리가 구하는 모든 것을 허락하십니다.

장애인과 암 환자

장애인들을 위한 연회가 열렸는데 중간에 한 아버지가 어깨에 한 소년을 메고 들어와 그 소년을 높이 들어 올렸습니다. 저는 "예수의 이름으로"라고 말했습니다. 그러자 그 소년이 외쳤습니다. "아빠, 아빠, 뭔가가 제 온몸을 덮치고 있어요." 예수님께서 그를 고쳐주셨습니다.

대장암에 걸린 남자가 있었습니다. 그는 밤낮으로 10분마다 진통제를 맞았습니다. 제가 만나러 갔을 때, 그가 말했습니다. "저는 하나님을 어떻게 믿어야 할지 모르겠어요. 아, 제가 믿을 수만 있다면 얼마나 좋을까요? 아, 하나님께서 기적을 베풀어주신다면 얼마나 좋을까요."

저는 예수님의 이름으로 그에게 안수했습니다. 그리고 간호사에게 말했습니다. "옆방에 가 계십시오. 하나님께서 기적을 베푸실 것입니다." 하나님의 영이 저에게 임하자 저는 예수의 이름으로 악한 세력을 대적하였습니다. 제가 기도하는 동안 그가 나음을 입었습니다. 저는 간호사에게 말했습니다. "들어오세요." 그녀는 상황을 이해하지 못했지만, 그 남자는 하나님께서 이 일을 행하신 것을 알았습니다.

이전에 그 남자에겐 요트를 타는 것이 취미였습니다. 그는 요트를 매우 좋아해서 오직 요트 이야기만 했었습니다. 그런데 지금도 요트에 대해 말하고 싶을까요? 아닙니다! 그는 "저에게 예수님에 대해, 우리 죄를 지신 하나님의 어린 양에 대해 말씀해주세요"라고 말했습니다.

성찬과 하나님의 말씀과 기도의 중요성

그리스도 안에서 우리는 한 몸입니다. 떡과 포도주는 그리스도를 대표합니다(고전 11:23-26). 그분의 몸은 우리를 위한 몸이었습니다(고전 11:24). 그 몸은 모든 인간의 필요를 채우기 위해 찢기셨습니다.

하나님의 말씀은 살아 있고 운동력이 있습니다(히 4:12). 그 말씀은 영, 혼, 육 안에서 역사하고 우리의 욕망과 마음과 생각, 행동과 의도를 쪼갭니다. 하나님의 말씀은 관절과 골수에까지 들어갑니다.

주님께서 말씀하십니다. "하나님의 질서 안에 있기를 원한다면 기도를 시작해라." 무릎을 꿇고 기도를 시작하십시오. 성령 안에서 시작하십시오. 그러면 성령께서 여러분이 영으로 기도하도록 인도하십니다. 이렇게 시작하면 하나님이 들어오실 것입니다. 여러분이 기도를 시작하면, 하나님께서 여러분을 높이실 것입니다.

저는 여러분을 시작의 자리로 데려가기 위해 이곳에 왔습니다. 여러분이 시작하셔야 합니다. 끝이 없으신 그분, 예수님께로 나오십시오. 그분을 높이십시오. 그분을 믿으십시오. 오늘은 성찬의 날입니다. 한 몸은 깨어진 곳이 없는 교제를 뜻합니다. 그분을 보십시오. 그분과 함께 다스리십시오. 그분의 임재 안에 사십시오.

평화, 평화, 달콤한 평화로다
하나님의 사랑의 선물인 달콤한 평화

하나님은 우리에게 많은 선물을 주실 수 있지만, 우리를 위해 고통 받으시고 죽으신 예수님을 사랑의 선물로 주시는 것으로 만족하셨습니다. 한 떡과 한 몸의 비전을 간직하십시오.

여러분의 배들을 육지로 가져오십시오. 모든 것을 버리고 주님을 따르십시오. 베드로와 그와 함께했던 모든 자들이 자신들이 잡은 고기의 양을 보고 놀랐습니다. 예수님께서는 베드로에게 "무서워하지 말라 이제 후로는 네가 사람을 취하리라"(눅 5:10)고 말씀하셨습니다.

Chapter 14

성령의 숨결

말씀은 하나님 자신이십니다. "태초에 말씀이 계시니라 이 말씀이 하나님과 함께 계셨으니 이 말씀은 곧 하나님이시니라"(요 1:1). 이 말씀 안에서 우리는 안식할 수 있습니다. 우리의 모든 소망은 살아 계신 하나님의 말씀에 있습니다. 하나님의 말씀은 영원합니다(벧전 1:23).

아, 그분의 말씀 안에서 발견되는 진리들은 얼마나 영광스러운지요! 결코 성경을 다른 책들과 비교하지 마십시오. 성경은 하늘에서 왔습니다. 그 자체가 하나님의 말씀입니다. 성경은 그 근원이 초자연적이고, 그 기간이 영원하며, 그 범위는 무한하고, 저자는 하나님이십니다. 성경을 통독하십시오. 그리고 기도를 통해 그 말씀을 여러분 안으로 들이십시오. 성경을 기록하십시오. "여호와를 경외함이 지혜의 근본이라"(시 111:10).

우리의 연약함을 알게 되면 구속의 위대함이 옵니다. 지식은 기쁨과 연결되어 있습니다! 주님을 아는 지식을 갖게 되면 반드시 기뻐하게 됩니다. 그분을 아는 지식 안에서 즐거워하십시오. 믿음은 평화입니다. 오래 간구하는 것이 평화가 아니라 믿음이 평화입니다. 믿음이 흔들리지 않을 때 평화가 있습니다.

저는 영원한 믿음에 대해 말하고 있습니다. 하나님이 말씀하신 것을 믿으십시오. 그분을 믿을 때마다 언제나 그분이 하신 말씀이 이뤄지는 것을 봅니다. 우리는 의심해서는 안 됩니다. "오직 믿음으로 구하고 조금도 의심하지 말라 의심하는 자는 마치 바람에 밀려 요동하는 바다 물결 같으니 이런 사람은 무엇이든지 주께 얻기를 생각하지 말라"(약 1:6-7). 하나님을 믿으십시오. "두려워하지 말고 믿기만 하라"(막 5:36).

충만함의 축복

"예수께서 성령의 충만함을 입어 요단 강에서 돌아오사"(눅 4:1). 우리에게 약속하신 그분은 오셔서 어둠 가운데서 실체를 불러내셨습니다. 지금까지 우리의 영광스러운 주님처럼 말한 사람은 없었습니다. 그분은 눌린 자를 돕기 위해 오셨습니다. 예수님, 저는 당신과 끝까지 함께하겠습니다.

"성령으로 충만함을 받으라"(엡 5:18)는 말씀이 의미하는 바는 무엇일까요? 우리가 사도행전 2장을 이해하고 성령의 생명의 흐름을 안다면 얼마나 놀라운 차이가 있을까요! 말씀이 얼마나 빛을 내는지요! 우리는 기뻐 뜁니다.

> **방언 통역)** 왕은 자기 자녀에 대해 그 뜻을 펼치시고 그 영혼에 열린 환상과 지치지 않는 열정을 부으시는도다. 불! 불! 불! 자녀가 왕을 표현하는 자가 될 때까지 그 불은 사람의 영혼에 강하게 타고 있노라.

저는 주님께서 저에게 안수하신 것을 압니다. 그분은 저를 성령으로 채우셨습니다.

이 예수님, 기적을 행하시는 예수님이 왕이 되시기 위해 오셨습니다. 그분이 여러분의 왕이십니까? 그분은 반드시 통치하셔야만 합니다. 오, 그분이 언제나 첫 자리를 차지하시도록 순복하십시오. 하나님께 영광을 돌립니다! 성령께서는 영원히 거하시기 위해 오셨고, 우리 영혼에 홍수처럼 부으십니다. 예수님께서는 "가면 내가 그를 너희에게로 보내리니"(요 16:7)라고 말씀하셨습니다.

그분이 여러분에게 오셨나요?
그분이 여러분에게 오셨습니까?
보혜사께서 여러분에게 오셨습니까?

"그(보혜사)가 와서 죄에 대하여, 의에 대하여, 심판에 대하여 세상을 책망하시리라"(요 16:8). 그분 안에서 하나님은 우리를 부요케 하시고 우리에게 완전한 계시를 주셨습니다. 성령께서는 우리를 충만케 하시고 모든 선지자들이 말한 것을 이루시기 위해 오셨습니다. 예수님은 성령에 대해 다음과 같이 말씀하셨습니다. "그가 내 영광을 나타내리니 내 것을 가지고 너희에게 알리시겠음이라"(요 16:14).

사마리아 여인에게는 우물이 있었습니다(요 4:5-14). 그러나 성령께서 오신 후에 그것은 강물, 즉 생명을 주고, 진리를 주고, 예언의 말씀을 주는 "생수의 강"(요 7:38)이 되었습니다. 거기에는 "하나님의 모든 충만하신 것으로 충만하게 하시는"(엡 3:19) 하나님의 거룩한 내주하심이 있었습니다.

성령세례는 전광석화와도 같습니다. 그것은 거룩한 계시를 열어주어 우리로 성령 안에서 춤추며 노래하게 하고, 감미로운 음악을 즐기고 성품을 강화하도록 해줍니다. "이 비밀은 너희 안에 계신 그리스도시니 곧 영광의 소망이니라"(골 1:27). 성령세례는 우리에게 "예수 그리스도의 얼굴에 있는 하나님의 영광을 아는 빛"(고후 4:6)을 주십니다. 예수님은 성령으로 충만하셨습니다(눅 4:1).

> 방언 통역) 그분은 진리의 영이시라. 그분은 인생이 "구원을 받기 위해 어찌하오리까?"라고 외치기까지 드러내시며, 나타내시며, 숨처럼 우리를 관통하시며, 태우시며, 깨우시는도다. 생명의 숨결은 강하게 타오르며, 마침내 세상이 그 온기를 느끼고는 "우리가 무엇을 해야 합니까?"라고 외치는도다.

오, 거룩한 하나님의 목적을 가지신 성령으로 충만함을 받는 기쁨이여! 때를 얻든지 못 얻든지(딤후 4:2) 전도할 때에 거룩한 하나님의 인정을 받는 기쁨이여! 사도들이 그러했던 것처럼 우리도 우리 시대에 하나님의 모든 충만하심으로 충만해야 합니다(엡 3:19). 우리도 이 동일한 성령을 가지고 동일하게 뜨거움을 느끼며, 동일한 생명과 동일한 천국을 소유해야 합니다.

성령께서는 천국의 왕이신 예수님을 계시하심으로써 우리에게 천국을 가져다주십니다. 오, 그분께 속한 완벽함이여! 이로 인해 우리는 모든 필요를 대비합니다. 그분은 거룩한 순간들 가운데 우리를 붙들고 계십니다. 거기에는 신음이나 눈물이나 고통이나 한숨이 필요가 없습니다.

"주의 성령이 내게 임하셨으니"(눅 4:18). 성령의 느낌(sense), 그분의 능력에 대한 지식, 그분을 경험하는 감미로움, 그분의 놀라운 임재, 그분의 말씀을 존중함, 모든 것을 새롭게 하심, 현재의 필요를 채우심. 이 모든 것은 말세에 나타나는 것들입니다. 그것은 참으로 놀랍습니다. 이것들은 강력한 표적들로 증명되었습니다. 성령의 숨결이 지금 펼쳐지고 있으며 우리를 돕고 계십니다. 저는 성령을 믿습니다. 하나님께서는 참된 아들의 형상을 닮도록 우리에게 성령을 주셨습니다.

스웨덴에서의 강력한 성령의 역사

스웨덴의 한 공원에 집회를 위해 커다란 무대가 세워졌습니다. 그러나 조건이 있었는데, 그것은 제가 사람들에게 안수를 하지 않는다는 것이었습니다. 저는 이렇게 말했습니다. "주님, 당신은 이 모든 것을 아십니다. 주님께서는 얼마든지 역사하실 수 있습니다." 그리고 주님은 그곳에서 그분의 임재를 드러내셨고, 사람들을 고쳐주시고 구원하셨습니다.

저는 사람들에게 이렇게 말했습니다. "여기 고침 받기 원하는 분이 계십니까? 여러분의 손을 드십시오." 모든 곳에서 사람들이 손을 들었습니다. 그 중 몸집이 큰 여성이 눈에 띄었습니다. 제가 그녀에게 말했습니다. "당신의 문제를 말해보십시오!" 그녀는 온몸이 다 아프다고 말했습니다. 그녀는 극심한 고통 가운데 있었습니다. 제가 그녀에게 말했습니다. "예수님의 이름으로 손을 드십시오!" 예수님께서는 병자를 고치시고, 그들을 해방시키기 위해 오셨습니다. 그분은 요한복음 14장 12절에서 "나를 믿는 자는 내가 하는 일을 그도 할 것이요 또한 그보다 큰 일도 하리니"라고 말씀하셨습니다. 이 말씀에 따라 제가 말했습니다. "예수의 이름으로 이제 내가 너를 해방하노라." 이어서 제가 물었습니다. "해방되셨습니까?" 그러자 그녀는 "예, 완전히 해방되었어요!"라고 대답했습니다.

비록 저는 사람들에게 안수할 수 없었지만, 하나님께서 친히 사람들에게 안수하셨습니다. 하나님은 놀라운 방법으로 우리의 필요를 채우십니다. 저는 하나님의 영광이 모든 약함으로부터 사람들을 해방시키는 모습을 보게 될 것이라 믿습니다. 예수님께서는 "주의 성령이 내게 임하셨으니"(눅 4:18)라고 말씀하셨습니다. 그분은 "모든 족속을 제자로 삼으라"(마 28:19)고 말씀하셨습니다.

제가 처음 이 영광스러운 진리를 뉴질랜드에서 전했을 때, 수백 명이 세례를 받았습니다. 그러나 스웨덴에 있는 몇몇 교회들은 이를 기뻐하지 않았습니다. 왕가에서 일하는 한 여인이 고침을 받았지만, 저는 그 나라를 떠나야 했습니다.

풍성한 축복

한번은 집회가 오후 4시 30분에 시작하는데 아침 9시 30분에 도착했습니다. 그래서 몇 시간 동안 쉬려고 해변에 갔습니다. 제가 돌아왔을 때, 길은 이쪽에서 저쪽 끝까지 곤경에 처한 힘없는 사람들이 타고 있는 휠체어와 자동차로 가득했습니다. 당황한 책임자들이 저에게 물었습니다. "이제 어떻게 해야 하나요?" 제가 말했습니다. "성령께서는 우리 안에 거하시고 가장 높은 위엄 가운데 통치하러 오셨습니다. 흐르는 강물처럼 자유와 기름부음, 영감 가운데 사십시오. 하나님께서 영광을 받으시도록 조금도 타협하지 마십시오."

그날 하나님께서 그 사람들을 풀어주시고 포로 된 자들을 구원하셨습니다. 그것이 전부였을까요? 아닙니다. 그것은 단지 시작이었습니다! 그곳은 사람들로 꽉 찼습니다! 오, 예비된 기쁨이여! 하나님은 모든 자들에게 불을 주셔야 합니다. 여전히 점령해야 할 땅이 많이 남아 있습니다. 들에는 익은 곡식이 추수를 기다리고 있습니다(요 4:35).

오, 사람들의 울부짖음이여! 하나님의 숨결이 여러분에게 임하는

데 울 수 없다면 정말 잘못된 것입니다. 저는 계속해서 사람들을 도왔습니다. 오, 성령의 숨결이여! 예수님께서는 "주의 성령이 내게 임하셨으니"(눅 4:18)라고 말씀하셨습니다.

하나님은 저에게 아주 분명하게 말씀하셨습니다. "나에게 구하라! 내가 너에게 이곳에 온 모든 사람들을 주리라." 저는 이것이 너무 지나친 것이라고 생각했습니다. 그런데 주님께서 다시 속삭이셨습니다. "구하라. 내가 이곳에 있는 모든 사람을 너에게 주리라." 제가 말했습니다. "오 하나님, 다시 말씀해주세요." 그러자 주님께서 말씀하셨습니다. "내게 구하라. 내가 이곳에 있는 모든 자를 네게 주리라." 저는 바로 반응했습니다. "제가 구합니다! 믿음으로 구합니다! 제가 믿습니다!" 그러자 천국의 숨결이 그곳에 가득했습니다. 사람들은 계속해서 넘어지고 울고, 소리치고 회개했습니다.

이처럼 천국의 숨결에는 놀라운 것이 있습니다. 예수님이 말씀하셨습니다. "주의 성령이 내게 임하셨으니." 저도 이 말씀을 따라 합니다. "내게 임하셨으니!" 하나님께서 우리 마음을 감동하셔서 이 기름부음 가운데 행하도록 하시길 기도합니다. 여러분도 하나님께서 여러분을 그분의 놀라운 궁정으로 초대해주시길 원하십니까? 하나님은 가장 충만한 자들을 택하실 수 있습니다. 여러분 중에 얼마나 많은 분이 하나님의 충만하심을 갈구하십니까? "주의 성령이 내게 임하셨으니"라고 말씀하신 예수님이 그러셨던 것처럼 살아 있는 경험 가운데 서십시오. 하나님께서 여러분 각 사람에게 이것을 허락해주시길 기도합니다. 아멘.

Chapter 15

호주 멜버른에서의 치유

집회에서의 치유는 언제나 기쁜 일입니다. 집회 때마다 저는 병자들에게 예배 후에 남아 있도록 초청합니다. 저는 서 있는 모든 사람들을 위해 기도하고, 주님께서 그들을 치유하시리라 믿습니다. 때로는 아픈 사람들에게 일어나라고 부탁한 후에 그들을 위해 강단에서 기도하기도 합니다.

한 집회에서 어떤 숙녀가 일어서서 머리가 아프고 담석으로 고통스럽다고 말했습니다. 제가 기도했을 때, 성령의 권능이 그녀에게 임했습니다.

병원에 입원한 어떤 사람은 저의 손수건을 가져다가 환부에 놓자 종양이 치유되었습니다.

잉그램 부인은 병원을 방문했을 때 수건을 가져간 이야기를 하였습니다. 그녀의 친구는 다음주 월요일에 수술을 받을 예정이었습니다. 그녀는 수건을 친구에게 놓은 후 수요일에 다시 병원을 방문했는데, 그 친구는 자신이 수술을 위해 마취제를 맞았다고 말했습니다. 그런데 다시 의식을 찾고 나니 의사들이 수술을 하지 않은 상태였습니다. 왜냐하면 수술할 필요가 없었기 때문이었습니다. 그녀는 깨끗하게 고침을 받았습니다.

콜링우드에 사는 레버리 부인은 이런 글을 썼습니다. "저는 하나님의 복된 치유의 능력에 감사드립니다. 그분께서 저의 머리에 안수해주셨습니다. 저는 1년 6개월 동안 밤낮으로 혈압 때문에 통증에 시달렸는데, 이제는 치유되었습니다."

이스트 브룬스윅에 사는 그린 부인은 다음처럼 간증합니다. "저는 귀에 유양 돌기(mastoid)가 있었고, 온몸에 힘이 없었습니다. 저의 양쪽 콩팥도 1인치나 처졌습니다. 이러한 증상으로 인해 몸이 매우 아팠는데, 기도를 받았을 때 깨끗하게 나았습니다. 귀에서 나던 고름도 사라지고 이제는 해방되었습니다."

웨스트 리치몬드에 사는 에디슨 씨는 자동차 사고로 부상을 입었습니다. 그의 갈비뼈와 빗장뼈가 부러졌으며, 폐에 구멍이 났습니다. 그는 3주간 병원에 입원하였고, 집회에서 기도를 받기까지 3개월 동안 심한 통증을 겪다가 고침을 받았습니다.

16주 동안 병상에 누워 있던 한 여인을 주님께서 일으켜 세우셨습니다. 그녀는 나중에 물세례를 받았고, 다음날 성령세례를 받았습니다.

또한 죽어가던 한 아이가 나음을 입었습니다.

11년 동안 다리 통증으로 고생하던 여인이 자유함을 얻었습니다.

로즈 제슐 부인은 다음과 같은 편지를 보내왔습니다. "주님께서 사람들 앞에서 저의 몸을 만져주셔서 지금은 자유합니다."

또 다른 사람도 다음처럼 편지를 썼습니다. "저는 당신이 기도해주신 손수건을 받았습니다. 그러자 주님께서 축복해주시고 계십니다. 이 암이 지금 서서히 말라 죽고 있습니다. 더 이상 출혈이 없고 지독한 냄새도 떠나고 있습니다. 주님을 찬양합니다!"

Chapter 16

주 안에 거하라

내가 참으로 너희에게 이르노니 여기 서 있는 사람 중에 죽기 전에 하나님의 나라를 볼 자들도 있느니라 (눅 9:27)

이 말씀이 저를 얼마나 매료시키는지 모릅니다. 저는 이 말씀을 읽고, 또 읽고, 읽고 또 읽지만 언제나 새로운 것이 있습니다. 제가 신랑 되신 주님을 깊이 알수록 그분의 음성이 들립니다. "신부는 신랑의 음성을 듣고 즐거워하느니라."

말씀은 그분의 음성입니다. 그리고 우리가 예수님께 가까이 갈수록 우리는 그분이 오신 원리들을 더 많이 이해하게 됩니다. 주님은 신부가 될 사람들을 취하시기 위해 오셨습니다. 그분은 그리스도의 몸(고전 12:27)이 될 이 사람들을 찾기 위해 오셨습니다. 우리를 향한 하나님의 메시지는 예수님께서 자기를 위해 신부를 취하신다는 것입니다.

그러므로 우리가 구원에 대해 이야기할 때, 하나님이 우리에게 보여주고 싶어 하시는 더 깊은 진리들이 있습니다. 구원뿐만 아니라 영원한 삶이 우리를 기다리고 있습니다. 그리고 그것은 하나님이 영광 가운데 가지고 계시는 모든 경이로운 것들로 가득합니다. 하나님은 예수님께서 어떻게 사셨고, 어떻게 사랑하셨으며, 어떻게 다음과 같은 말씀을 하셨는지에 대해 복된 계시를 우리에게 주셨습니다. "여기 서 있는 사람 중에 죽기 전에 하나님의 나라(가 능력으로 임하는 것)를 볼 자들도 있느니라"(눅 9:27).

그리스도 안에 나타난 하나님의 영광

예수님은 형상이 변화되시고, 그 얼굴이 해같이 빛나며, 그 옷이 희고 빛날 때까지 기도하셨습니다(마 17:2). 하나님을 찬양합시다! 이 동일한 예수님이 또한 이렇게 말씀하셨습니다. "나는 버릴 권세도 있고 다시 얻을 권세도 있으니"(요 10:18).

악한 자들은 예수님을 잡아 십자가에 못 박았지만, 주님은 기꺼이 이를 받으셨습니다. 왜냐하면 주님은 모든 능력을 가지고 계셨고, 자신을 구원하기 위해 열두 군단의 천사들을 부를 수 있으셨기 때문입니다(마 26:53). 그러나 주님의 목적은 우리를 구원하시고 우리를 교제 가운데로 데려가시며 그분과 하나가 되게 하시는 것이었으며, 이는 동일한 생명의 원리들이 우리의 것이 되도록 하시기 위함이었습니다.

예수님은 결코 뒤를 돌아보지 않으셨습니다. 그분은 결코 뒤로 물러서지 않으셨습니다. 주님은 죽음을 통과하셨고, 이는 그분의 생명이 지금부터 영원토록 우리의 분깃이 되도록 하시기 위함입니다. 그분은 온 세상의 죄를 구속하신 하나님의 아들이시며, 죄인의 친구이신 주 예수 그리스도이십니다. "그가 찔림은 우리의 허물 때문이요"(사 53:5). 주님은 이 땅에 하나님의 영광을 드러내기 위해 사셨습니다. 그분은 창세전에 아버지와 가지셨던 그 영광을 제자들에게 주십니다. 주님은 "내게 주신 영광을 내가 그들에게 주었사오니"(요 17:22)라고 말씀하셨습니다.

그래서 오늘날에도 하나님은 은혜와 영화를 주시며 정직하게 행하는 자에게 좋은 것을 아끼지 아니하실 것입니다(시 84:11). 그분은 성령 안에 있는 건강, 평화, 기쁨과 그리스도 예수 안에 있는 생명을 주십니다. 이 얼마나 놀랍고 사랑스럽습니까!

우리가 다시 애굽으로 돌아가야겠습니까? 우리가 뒤를 돌아봐야 하겠습니까? 결코 그럴 수 없습니다! 오, 여러분은 제가 저 아래 애굽의 모래밭에 있는지 찾아볼 필요가 없습니다. 왜냐하면 저는 저 위 뿔라(Beulah, 사 62:4)의 땅에 장막을 쳤기 때문입니다.

예수님의 보혈을 통해 모든 자가 구속을 받습니다. 이 구속은 이 땅에 임한 천국입니다. 그것은 성령 안에서의 평강과 기쁨입니다. 그것은 어둠에서 빛으로, 사탄의 권세에서 하나님의 권세로 바꿔줍니다. 그것은 아들이 되고, 그리스도와 함께 한 후사가 되는 것을 의미합니다(롬 8:17).

하나님은 두 번이나 다음처럼 말씀하셨습니다. "이는 내 사랑하는 아들이요 내 기뻐하는 자라"(마 3:17, 17:5). 그렇습니다. 그분이 베들레헴에서 나시고, 목수로 일하시고, 육신을 입으신 것은 사실입니다. 또한 하나님께서 그 육체 안에 거하시고 그분의 영광을 나타내시어 그리스도께서 완전한 승리자가 되신 것도 사실입니다. 그분은 율법을 지키셨고 하나님의 사명을 다 이루셨으며, 이는 주님께서 자신의 생명을 버리심으로써 우리를 구속하시기 위함이었습니다. 하나님께 영광을 돌립니다!

예수님은 마귀의 권세를 멸하기 위해 육신을 입고 나타나셨습니다(요일 3:8). 이는 무슨 뜻입니까? 그것은 하나님께서 예수님 안에서 그리고 예수님을 위해 무엇을 행하셨는지와 그분이 우리를 위해 행하실 수 있음을 우리에게 보여주시기 위해 하나님의 모범이 되셨다는 뜻입니다.

그리스도께서 당신을 변화시키시도록 허락하라

주님은 그분의 강력한 능력으로 우리 가운데 거하시고 죄의 권세를 멸하심으로써 우리를 승리자로 만드실 수 있습니다. 그분은 마침내 우리가 정의를 사랑하고 악을 미워하여(시 45:7) 거룩해질 때까지 우리를 변화시키실 수 있습니다.

우리는 주님의 순종 때문에 양자됨을 받습니다. "그가 아들이시면서도 받으신 고난으로 순종함을 배워서"(히 5:8). 예수님의 가족도 그분이 미쳤다고 말했습니다(막 3:21). 서기관들은 "그가 귀신 들려 미쳤거늘"(요 10:20), "그가 바알세불이 지폈다 하며 또 귀신의 왕을 힘입어 귀신을 쫓아낸다"(막 3:22)고 하였습니다. 그들은 주님을 욕하고 그분께 돌을 던짐으로 죽이려 했지만, 주님은 온 군중 가운데를 통과하여 빠져나가셨습니다. 그런 뒤에 주님은 가시다가 소경을 보시고 그를 고쳐주셨습니다(요 8:59-9:7).

오, 그분은 사랑스러우십니다! 예수님이 보여주신 아름다움과 거룩한 성품과 성향을 묵상하십시오! 여러분은 새 창조의 능력, 구속을 믿음으로 말미암아 의롭게 태어남으로 변화될 수 있으며, 마침내 예수의 영으로 통제를 받고 다스림을 받으며 충만하게 됩니다. 비록 여러분이 여전히 육체 가운데 있지만, 성령의 다스림을 받아 그 마지막은 영생인 거룩함에 이르는 열매를 얻습니다(롬 6:22).

오, 주님, 이 사람들에게 당신을 계시하셔서 순전한 사랑과 믿음을 저들에게 주십시오. 그러면 저들이 핍박과 조롱과 비난을 이겨낼 것입니다.

여러분이 아직 죄인 되었을 때에 그리스도께서 여러분을 사랑하셨고, 지금도 여러분의 사랑의 반응을 구하고 계십니다. 그분은 여러분에게 잘 짜인 성령의 사랑을 전해주시며, 여러분을 믿음에서 믿음으로, 영광에서 영광으로 변화시키십니다.

놀라우신 구세주

저는 변화산상에서 하나님의 임재가 나타난 것이나 그리스도의 얼굴이 빛난 일로 인해 놀라지 않습니다(마 17:2, 5). 저는 잃어버린 자들을 구원하시기 위해 자기 목숨을 버리신 하나님의 그리스도를 영화롭게 하는 그 어떤 것에도 놀라지 않습니다. 오, 이 얼마나 놀라운 그리스도 이십니까! 우리가 그분의 원수였을 때에 그분께서 우리를 위해 죽으셨습니다!(롬 5:8)

예수님께서 이 세상 그 어떤 인간에게도 주어지지 않았던 기회를 얻으셨다는 사실에 주의하십시오! 주님께는 하나님의 영광만 주어진 것이 아니라 인간의 영광도 나타났습니다. 왜냐하면 사람들이 주님을 왕으로 삼고 싶어 했기 때문입니다. 만일 온 나라가 여러분을 왕으로 삼길 갈망한다면 제정신이 아닐 것입니다. 그러나 복 되신 하나님의 그리스도께서는 한적한 곳으로 가셔서 기도하셨습니다. 그분은 세상이 지금까지 알았던 왕 중에 가장 위대한 왕이십니다. "그 나라가 무궁하리라"(눅 1:33). "그가 씨를 보게 되며 그의 날은 길 것이요 또 그의 손으로 여호와께서 기뻐하시는 뜻을 성취하리로다"(사 53:10).

저는 이곳에 주 예수님의 어떠한 씨가 있는지 궁금합니다. 믿는 여러분은 약속으로 말미암아 하나님의 아들의 씨이고, 믿음으로 말미암아 하나님의 아들의 씨이며, 여러분 안에 있는 그분의 씨(하나님의 말씀)로 말미암아 하나님의 아들의 씨입니다. 이곳에 있는 모든 씨 여러분, 저에게 여러분의 손을 보여주십시오. "그가 씨를 보게 되며 그의 날은 길 것이요 또 그의 손으로 여호와께서 기뻐하시는 뜻을 성취하리로다." 할렐루야!

방언 통역) 하나님께 영광을 돌리라! 살아 있는 자들은 그를 찬송할지어다. 이 땅의 티끌에서 그분은 영원히 자기를 찬양토록 하기 위해 영혼들을 추수하시도다. 그분은 자기의 씨를 보고 계시며, 주의 기쁨은 이미 그분의 손에 넘쳐나도다.

그렇습니다. 사랑하는 여러분, 이날은 주님께서 이곳에 다시 방문하시는 날입니다. 곤경에 빠지신 여러분, 지금 당장 그분을 보십시오. 그분을 보면 여러분은 변화될 것입니다. 여러분은 힘이 날 것이며, 그것을 교환하게 될 것입니다. 그분은 야곱의 하나님이시며, 힘없고 망한 자들의 하나님이십니다.

마귀는 야곱에 대항하기 위해 커다란 계획을 세웠습니다. 하지만 야곱이 아는 것이 한 가지 있었습니다. 그는 하나님께서 그분의 약속을 이루실 것을 알았습니다. 하나님은 벧엘에서 사닥다리를 보여주셨습니다. 그 사닥다리에 천사들이 오르락내리락했습니다. 벧엘은 기도의 장소요, 조건들이 바뀌는 장소요, 땅에서 천국으로 들어가는 장소였습니다.

하나님께서는 야곱에게 약속하셨고, 그를 다시 벧엘로 데려오셨습니다. 그는 늙었지만 동일한 야곱이었고, 하나님께서 허락하시는 한 밤새 씨름했습니다. 그것은 이 세상을 붙들고 있는 모습을 보여주는 모형입니다. 그러자 하나님이 그를 만지셨습니다. 하나님께서 우리를 어루만지시는 방식이 있습니다. 야곱이 소리쳤습니다. "당신이 내게 축복하지 아니하면 가게 하지 아니하겠나이다"(창 32:26). 하나님은 그곳에서 여러분을 축복하실 것입니다. 하나님은 무기력하고 무너진 장소에서 여러분을 만나주실 것입니다. 여러분은 그곳에 가본 적이 있습니까?

예수님께서 영광 가운데 변화산상에 계실 때, 모세와 엘리야가 와서 우리의 구원에 대해, 주님이 예루살렘에서 죽으시는 것에 대해 주님과 이야기했습니다. 예수님께서 변화산상에서 내려오신 후 그분은 여러분과 저를 위해 맡겨진 임무를 성취하시기 위해 전진하셨습니다. 그분은 영광에서 곧바로 십자가로 가셨습니다. 우리에게는 얼마나 놀라우신 주님이 계십니까!

축사(deliverance)를 잃지 말라

예수님께서 아래로 내려오셔서 군중 가운데 계실 때에 한 남자가 소리치며 말했습니다. "선생님 말 못하게 귀신 들린 내 아들을 선생님께 데려왔나이다 귀신이 어디서든지 그를 잡으면 거꾸러져 거품을 흘리며 이를 갈며 그리고 파리해지는지라 내가 선생님의 제자들에게 내쫓아 달라 하였으나 그들이 능히 하지 못하더이다"(막 9:17-18).

오, 형제자매들이여, 하나님께서 우리의 손을 강하게 하셔서 불신앙을 걷어주시길 기도합니다. 예수님께서 말씀하셨습니다. "믿음이 없는 세대여 내가 얼마나 너희와 함께 있으며 얼마나 너희에게 참으리요 그를 내게로 데려오라"(막 9:19). 그들이 그를 예수님께 데려왔고, 주님께서 악한 영을 쫓아내셨습니다.

여러분은 예수님 앞에서조차 악한 영들이 그 소년을 찢고 그를 마치 죽은 사람처럼 내버려두었다는 것을 아셨나요? 사탄의 능력에 대해 한 번 생각해보십시오. 마귀는 삼킬 자를 찾아 이리저리 다닙니다(벧전 5:8). 하나님께서 우리를 구원하시고, 마귀가 해할 수 없는 곳에 우리를 간직하시길 기도합니다.

오늘밤 모든 사람들에게서 나온 귀신의 세력들이 결코 다시 돌아오지 않기를 기도합니다. 오, 제가 여러분에게 예수님의 능력으로 해방되는 것이 어떤 의미인지, 그리고 여러분의 잘못으로 인해 그것을 잃어버리는 것이 무엇인지를 보여드릴 수만 있다면 얼마나 좋을까요!

이와 같은 경우가 성경에 있습니다. 귀신 들리고 병들었던 사람이 예수님께 왔습니다. 예수님께서 악한 영을 쫓아내셔서 그 사람은 온전히 나음을 입었습니다. 그러나 그 다음에 그 사람은 성령과 하나님의 빛을 구하고 소경 바디매오처럼 예수님과 함께 행하는 대신 다시 죄로 돌아갔습니다. 하나님이여 우리를 구원하소서.

악한 영은 갈 곳이 없어서 자신이 있던 곳에 다시 들어갈 수 있는지 알아보려고 왔습니다. 귀신 들렸던 사람의 삶이 깨끗이 정돈된 것처럼 보였지만, 그 사람 안에 거주자가 없었습니다. 그는 그리스도와 성령의 능력을 소유하지 못했습니다. 결국 더 악한 영들이 그 사람 속에 들어왔고, 이전보다 상태가 더 악화되었습니다(마 12:43-45).

여러분이 하나님의 능력으로 고침을 받길 원할 경우 그것은 여러분의 삶이 하나님으로 충만해져야 함을 의미합니다. 여러분의 치유가 지속될 수 있을까요? 예수님을 배에 태우십시오. 그러면 그것은 영원히 지속될 것입니다. 여러분은 자신을 지킬 수 없습니다. 어느 인생도 마귀의 궤계를 스스로 이길 수 없습니다. 그러나 예수님을 여러분 안에 모시면 백만의 마귀도 이길 수 있습니다.

우리의 삶은 깨끗하게 정리정돈되어야 할 뿐만 아니라 하나님의 능력이 우리 안에 거해야 합니다. 그리스도가 없으면 어느 누구도 안전하지 못합니다. 하지만 약한 자라도 그리스도 예수 안에 있기만 하면 이길 수 있습니다.

오늘밤 사탄이 더 이상 여러분을 다스리지 못하도록 기꺼이 하나님께 순복하시겠습니까? 예수님의 이름으로 저는 여러분께 부탁합니다.

하나님의 능력은 오늘도 동일하십니다.

사람들이 뭐라 말하든 상관없습니다.

하나님이 약속하신 것은 무엇이든 행하실 수 있습니다.

왜냐하면 하나님의 능력은 오늘도 동일하시기 때문입니다.

Chapter 17

상식

"시력이 좋아서 안경을 쓸 필요가 없는 것은 모든 그리스도인이 누릴 수 있는 특권입니까?" 사람들이 저에게 이렇게 묻곤 합니다. 오늘 이 자리에서 이 질문에 대해 말씀드리려고 합니다.

나이가 드는 것은 모든 사람에게 일반적인 일입니다. 많은 사람들이 오래전부터 계속해서 기도해왔을 것입니다. 그들의 기도가 상황을 바꿀 수 있었다면 바뀌었을 것입니다. 그러나 오늘 이 자리에 머리가 희끗희끗한 분들이 많습니다. 이는 자연인은 쇠한다는 것과 아울러 여러분이 원하는 대로 다 되지 않는다는 것을 보여줍니다. 그럼에도 초자연인이 자연인 안에 풍성하게 거하는 경우, 그가 쇠하지 않을 수도 있습니다. 거룩한 생명이 자연인을 대체할 수 있는 것입니다.

누구든 50세 즈음 되면 예외 없이 눈이 어두워지기 시작합니다. 하지만 자연인은 변해도 저는 초자연적인 능력이 우리에게 역사하면 시력이 죽을 때까지 유지될 수 있다고 믿습니다. 그러나 믿음이 있다고 말하면서 안경을 쓰지 않고 큰 글씨 성경을 가지고 다니는 것은 어리석은 일입니다. 왜냐하면 그것이 사람들에게 잘못된 인상을 줄 수도 있기 때문입니다. 큰 글씨 성경을 가지고 다니지 않으려면 시력이 좋아져야 합니다. 그렇지 않으면, 큰 글씨 성경이라 해도 제대로 읽을 수가 없음을 알아야 합니다.

저는 30년 동안 믿음에 대해 설교해왔습니다. 제 딸이 아프리카에서 돌아와서 저와 아내가 안경을 쓴 것을 보고 놀랐습니다. 마찬가지로 우리가 처음으로 안경을 쓴 것을 보았을 때에 사람들이 매우 힘들어했습니다. 그러나 저는 큰 글씨 성경을 들고 다니면서 제 시력이 괜찮다고 말하는 것보다 저의 상태를 정직하게 인정하는 것이 훨씬 더 낫다는 것을 알았습니다. 저는 정직한 것을 좋아합니다.

제 시력은 약 53세부터 나빠지기 시작했습니다. 그런데, 어찌된 일인지 하나님께서 무언가를 행하고 계십니다. 제가 지금 68세이지만, 큰 글씨 성경이 필요 없습니다. 저는 하나님께서 저를 회복시키시고 계신 것에 만족합니다.

제가 이런 방식으로 거룩한 치유를 구해왔기 때문에 거룩한 치유를 강력하게 경험한 사람들이 안경을 쓰고 있는 것이 당혹스러웠습니다. 그래서 "저는 이렇게는 못합니다. 하나님의 거룩한 치유를 설교하는 사람들이 안경을 쓴 것을 볼 때마다 당혹스럽습니다"라고 말했습니다. 하지만 저는 이에 대해 여전히 고민 중이며, 아직 제가 그 대가를 온전히 지불하지 못했다고 생각합니다.

제 눈은 회복될 것입니다. 하지만 그때까지 저는 어느 누구도 속이지 않을 것입니다. 그래서 저는 제가 온전하게 볼 수 있을 때까지 안경을 쓰겠습니다.

어느 날 한 여인이 저에게 다가왔습니다. 저는 그녀에게 치아가 없다는 것을 알아차렸습니다. "당신의 치아가 고르지가 않네요. 잇몸도 일부 내려앉았고요."

"그렇습니다." 그녀가 대답했습니다. "저는 주님께서 새로운 치아를 주실 것이라고 믿어요."

"그러면 정말 좋겠습니다. 주님께서 치아를 주실 것이라고 믿은 지는 얼마나 되셨나요?"

"3년이요."

"그렇군요. 그런데 저라면 기드온처럼 기도할 것입니다. 양털을 밖에 내놓고 주님께 열흘 안에 저에게 치아를 주시거나 틀니를 살 수 있는 돈을 보내주실 것을 믿는다고 말씀드리겠습니다. 저라면 어느 것이 먼저 오든, 그것을 주님의 응답이라고 믿겠습니다."

그 후 8일 만에 그녀를 전혀 모르는 사람이 그녀에게 50달러를 보냈습니다. 그녀는 그것으로 멋진 틀니를 샀습니다. 틀니를 한 그녀는 멋져 보였습니다.

저는 자주 사람들의 시력을 위해 기도합니다. 제가 기도하면 대체로 사람들이 믿습니다. 하나님께서 그들의 믿음을 자극하시기 때문입니다. 그런데 시력은 여전히 그대로인 경우가 있습니다. 그러면 사람들이 이렇게 묻습니다. "이제 어떻게 해야 하나요? 안경을 쓰지 않고 다녀야 하나요?"

"분명하게 보실 수 있나요? 아니면 도움이 필요한가요?"

"안경을 쓰지 않으면 넘어질 수도 있을 것 같아요."

"그러면 안경을 쓰십시오. 하지만 믿음이 온전해지는 때가 되면 더 이상 안경이 필요 없을 것입니다. 하나님께서 당신의 믿음을 온전하게 하실 때에 시력도 회복될 것입니다. 그러니 안경이 필요하다면 쓰세요."

여러분은 원하는 것을 얻기 위해 계속 기도할 수 있습니다. 그러나 저는 상식도 믿습니다.

Chapter 18

거룩한 생명이 건강을 가져온다

마가복음 1장에서 예수님께서 어떻게 성령의 능력으로 깨어나시고, 성령께서 어떻게 그분을 광야로 몰아가셨는지 보십시오(9-12절). 또한 요한이 얼마나 하나님의 성령으로 충만하여 그 안에 "외침"을 갖게 되었는지, 그 외침이 모든 이스라엘을 어떻게 감동시켰는지 보십시오(2-5절).

하나님께서 누군가를 성령으로 붙드시면 그는 하나님의 질서 안의 어떤 외침을 가질 수 있습니다. 주의 성령 없이도 누군가 50년 동안 외칠 수 있지만, 그가 외치면 외칠수록 사람들은 점점 더 그를 인식하지 않습니다. 그러나 성령으로 충만하면 한 번만 외쳐도 사람들이 그 영향력을 느낍니다.

성령의 권능을 받다

그러므로 우리 각 사람은 하나님으로 충만해질 필요가 있습니다. 단지 한 번의 만지심을 받거나 한 번의 갈망으로는 충분하지 않습니다. 오직 한 가지만이 사람들의 필요를 채워줄 것입니다. 그것은 여러분이 하나님의 생명에 잠기는 것입니다. 이것은 하나님께서 여러분을 취하시고 그분의 성령으로 충만케 하셔서 결국 여러분이 하나님 안에서 바르게 사는 것을 의미합니다. 그분이 이렇게 하시는 것은 우리가 "먹든지 마시든지 무엇을 하든지 다 하나님의 영광을 위하여"(고전 10:31) 하게 하시기 위함입니다.

그곳에서 여러분은 여러분의 모든 힘과 마음과 영혼이 열정으로 가득하게 되는 것을 발견하게 될 것입니다. 그것은 단지 예배만을 위한 것이 아니라 또한 선포를 위한 것입니다. 이 선포는 하나님의 모든 능력을 수반하여, 그 능력으로 사탄의 권세를 움직이고 세상을 흔들어야 합니다.

세상이 예수님을 보지 못하는 이유는 그리스도인들이 예수님으로 충만하지 않기 때문입니다. 그들은 매주 집회에 참석하고 가끔씩 성경을 읽고 기도하는 것으로 만족합니다. 사랑하는 여러분, 만일 하나님께서 여러분을 성령으로 붙들고 계시다면, 모든 것에는 끝이 있고 하나님의 시작이 있다는 것을 알게 될 것입니다. 여러분의 온몸은 하나님의 거룩한 형상을 갖게 될 것입니다. 그분께서는 여러분을 사용하실 뿐만 아니라 여러분의 손을 붙잡으실 것입니다. 이는 여러분이 "귀히 쓰임을 받는 그릇"(딤후 2:21)이 되도록 하기 위함입니다.

우리의 생명은 우리의 것이 아닙니다. 왜냐하면 우리가 우리 자신을 위해 살면 죽을 것이기 때문입니다(롬 8:13). 우리가 육신대로 살면 반드시 죽을 것이지만, 영으로써 몸의 행실을 죽이면 살 것입니다(롬 8:13). 성령 안에서 사는 사람은 하나님의 능력에 순복합니다. 하지만 자신을 위해 사는 자는 죽을 것입니다. 성령 안에서 사는 자는 자유와 기쁨과 축복과 섬김의 삶을 살며, 그 삶은 다른 사람에게도 축복을 가져다줍니다. 하나님은 우리가 성령으로 살아야 한다는 것을 알기 원하실 것입니다.

당신도 예수님처럼 될 수 있다

마가복음 1장에서 우리는 성령 안에서 두 가지 중요한 사실들을 보게 됩니다. 하나는 성령 충만하셔서 성령의 권능에 따라 움직이시는 예수님입니다. 다른 하나는 세례 요한입니다. 그는 성령으로 충만하여 그의 유일한 목표는 나가서 복음을 전하는 것이었습니다. 우리는 그가 광야에 있는 것을 발견합니다. 이 얼마나 이상한 장소입니까!

사랑하는 여러분, 예수님께서 종일 군중을 섬기신 후 아버지 하나님께로 가셔서 밤새 기도하고 싶어 하셨던 것은 그분에게 매우 자연스러웠습니다. 왜 그렇습니까? 힘과 능력의 근원을 원하셨기 때문입니다. 그분은 아버지 하나님과의 교제를 원하셨습니다. 그리고 다른 모든 것은 그 교제에 뒤따르는 부수적인 것이었습니다.

예수님께서 산에서 하나님 아버지와 교제하시고 하나님의 거룩한 임재와 성령으로 옷 입으신 후 귀신의 세력을 만나셨을 때, 그들은 도망가야 했습니다(마 17:1-9, 14-18). 그분이 병자를 만나셨을 때, 병마는 떠나야 했습니다. 산에서 권능을 가지고 내려오신 주님은 사람들의 모든 필요를 채워주셨습니다.

저는 여러분의 상태가 어떤지 모릅니다. 여러분이 구원을 받았는지, 받지 못했는지 모릅니다. 그러나 스스로 그리스도인이라고 고백하면서 생명과 능력이 없고, 믿지 않는 자들의 삶과 비슷해서 그들이 육체 가운데 살고 있는지 아니면 성령 안에서 살고 있는지 구분하기 어려운 사람들을 볼 때에 참담함을 느낍니다.

많은 사람들이 바울이 로마서 7장 25절에서 말한 그런 상태에서 살고 있습니다. "내 자신이 마음으로는 하나님의 법을 육신으로는 죄의 법을 섬기노라." 이런 상태는 죄가 지배력을 발휘합니다. 그러나 하나님의 능력이 임하면, 그 능력으로 여러분은 자신과 분리될 것입니다. 그 능력이 여러분 자신을 파괴하고 없앨 것입니다. 그 능력으로 인해 여러분은 자연적인 상태에서 은혜로 옮겨갈 것이며, 원수 마귀의 능력을 이기게 되고, 자신이 하나님의 아들을 믿는 믿음 안에서 살기 시작했다는 것을 알게 될 것입니다.

분투에서 안식으로

저는 하나님께서 우리에게 고난을 벗어나 안식으로 들어가는 길을 열어주시길 기도합니다. 히브리서 기자는 우리에게 "그런즉 안식할 때가 하나님의 백성에게 남아 있도다"(히 4:9)라고 말합니다. 그 안식에 들어간 자는 자기 일을 쉽니다(히 4:10). 오, 자신의 일을 쉬는 이 안식은 얼마나 복된지요!

그곳에서 하나님은 여러분의 삶의 보좌에 좌정하시고, 여러분은 새로운 질서를 따라 그분을 위해 일합니다. 여러분이 설교할 때에 더 이상 과거의 방식으로 설교하려고 분투하지 않을 것입니다. 하나님은 여러분을 하나님께로부터 온 메시지와 사탄의 권세를 흔들 진리와 고난에 처한 모든 영혼들에게 한량없이 공급해주시는 말씀과 충만한 불꽃으로 사용하길 원하십니다. 그러면 요한이 한마디의 외침으로 모든 이스라엘을 움직였던 것처럼 여러분도 성령의 권능으로 사람들을 움직일 것입니다.

이것이 바로 예수님께서 니고데모에게 하신 말씀의 의미입니다.

> 예수께서 대답하여 이르시되 진실로 진실로 네게 이르노니 사람이 거듭나지 아니하면 하나님의 나라를 볼 수 없느니라 … 사람이 물과 성령으로 나지 아니하면 하나님 나라에 들어갈 수 없느니라 육으로 난 것은 육이요 영으로 난 것은 영이니 내가 네게 거듭나야 하겠다 하는 말을 기이히 여기지 말라 (요 3:3, 5-7)

오, 이 말씀이 무슨 뜻인지 알면 얼마나 좋을까요! 하나님께로 난 자, 이것은 바로 하나님께서 우리 안에 새롭게 탄생하셨다는 것과 같은 뜻입니다. 하나님의 새로운 질서, 새로운 계획, 하나님으로 말미암은 새로운 믿음, 하나님의 새로운 자녀, 하나님으로부터 온 새로운 생명, 이 세상에 살지만 이 세상에 속하지 않은 삶, 이 세상의 모든 권세를 이긴 생명 가운데 삶! 이런 사람은 죄가 주관치 못할 것입니다(롬 6:14).

성령으로 말미암은 생명

그러면 어떻게 해야 이 성령 안에 있는 축복에 다다를까요? 어떻게 해야 우리는 하나님의 임재 가운데 들어갈 수 있을까요? 어떻게 해야 우리는 이 거룩한 원리들을 얻을 수 있을까요?

사랑하는 여러분, 그것은 육신 가운데 있지 않으며 과거에도 결코 그런 적이 없었습니다! 성경이 우리가 육신대로 살면 반드시 죽을 것이라고 분명히 말하는데 어떻게 그럴 수가 있겠습니까?(롬 8:13) 그러나 우리가 성령을 따라 살면 우리는 몸의 행실을 죽일 것이고(롬 8:13), 사망이 생명에 삼킨 바 된 것(고후 5:4)을 발견하게 될 것입니다. 생명은 몸과 마음에 넘쳐 자아를 이기고, 병을 이기고, 세상의 모든 것을 이길 것입니다. 그래서 우리는 어떤 몸의 질병에도 방해받지 않고 행하게 될 것입니다.

저는 우리 가운데 많은 이들이 자신이 몸을 가진 존재임을 상기시켜 주는 많은 일들로 인해 묶여 있다고 감히 말합니다. 예수 그리스도께서 나타나신 목적이 마귀의 일을 멸하여(요일 3:8) 여러분을 자아의 묶임에서 풀어주시고, 현 시대의 묶임에서 해방시키시기 위한 것임을 알지 못하십니까?

예수님은 아버지 하나님에게서 나오셔서 아버지께로 돌아가셨습니다. 복되고 복되신 예수님! 여러분은 그분을 영접하셨습니까? 제가 여러분에게 예수님을 믿냐고 묻는다면, 아마도 많은 분들이 평생 예수님을 믿었다고 말할 것입니다. 그러나 제가 "구원받으셨습니까?"라고 물으면, 여러분 중 많은 분들이 망설임 없이 살면서 잘못을 한 번도 한 적이 없고 항상 옳고 명예로운 일만 행했다고 대답할 것입니다.

오, 위선자들이여! 자기 의에 빠진 독사들이여! 지구상에 그런 사람은 없습니다. "모든 사람이 죄를 범하였으매 하나님의 영광에 이르지 못하더니"(롬 3:23). 어떻게 하면 우리의 죄를 없앨 수 있을까요? "그 아들 예수의 피가 우리를 모든 죄에서 깨끗하게 하실 것이요"(요일 1:7). 어떻게 하면 우리의 질병을 없앨 수 있을까요? 그 아들 예수의 피가 우리를 모든 질병에서 깨끗하게 하실 것입니다. 이처럼 복되신 분을 생각할 때에 거룩해지지 않을 수 없습니다.

성경은 "무릇 하나님께로부터 난 자마다 세상을 이기느니라 세상을 이기는 승리는 이것이니 우리의 믿음이니라 예수께서 하나님의 아들이심을 믿는 자가 아니면 세상을 이기는 자가 누구냐"(요일 5:4-5)라고 말합니다. 거듭난 자는 세상을 이깁니다. 그리고 세상이 여러분을 이긴다면, 여러분은 이 예수님을 한 번도 안 적이 없다는 것을 확신해도 좋습니다. 예수님은 마귀의 일을 멸하기 위해 나타나셨습니다"(요일 3:8).

저는 여러분이 떨고 마음이 동요될 때까지, 그래서 여러분의 현 위치가 어디인지를 볼 수 있을 때까지 이것에 대해 계속 말하고 싶습니다. 여러분이 이 장소를 떠난 후에 성경을 살펴보았을 때 제가 설교한 것이 하나님의 말씀을 따라 한 것임을 알게 된다면 무척 기쁠 것입니다. 잠에서 깨어 성경에 여러분을 위한 생명과 자유가 있다는 것을 보십시오. 여러분을 하나님의 아들로 만들어주고 성령 안에서 자유롭게 해줄 능력이 성경에 있습니다.

예수님은 에덴동산에서 빼앗긴 것을 우리에게 되찾아주시기 위해 오셨습니다. 아담과 이브는 그곳에서 죄와 질병으로부터 자유했습니다. 그러나 죄가 들어오자 질병이 들어왔고, 이어서 사망이 들어왔습니다. 사람들은 그렇지 않다고 말하고 싶어 합니다! 그러나 저는 여러분에게 말합니다. "마귀를 쫓아내십시오. 그러면 여러분은 새로운 몸을 갖게 될 것입니다. 병을 쫓아내십시오. 그러면 여러분에게서 마귀가 떠나갈 것입니다."

예수님께서 질병을 꾸짖으시자 그것이 떠나갔습니다. 그래서 이 아침에 저는 고침을 보게 될 자리로 여러분을 인도하길 원합니다. 여러분은 하나님께 여러분의 삶을 드려야 합니다. 여러분은 병이 떠나고 하나님이 들어오셔야 한다는 사실을 알아야 합니다. 여러분은 여러분의 삶이 깨끗해야 하고, 하나님께서 여러분을 거룩하게 지켜주신다는 것을 알아야 합니다. 여러분은 자신이 하나님 앞에서 행해야 하고, 그분께서 여러분을 완전하게 만드신다는 것을 보아야 합니다.

왜냐하면 하나님께서는 "거룩함을 따르라 이것이 없이는 아무도 주를 보지 못하리라"(히 12:14)고 말씀하셨기 때문입니다. 나아가 "그가 빛 가운데 계신 것 같이 우리도 빛 가운데 행하면 우리가 서로 사귐이 있고 그 아들 예수의 피가 우리를 모든 죄에서 깨끗하게 하실"(요일 1:7) 것입니다.

승리의 자리

저는 믿는 여러분에게 여러분이 도달해야 할 매우 복된 자리가 있다는 것을 말해주고 싶습니다. 그곳은 하나님이 여러분에게 원하시는 곳으로 승리의 자리입니다. 주의 성령이 여러분의 삶에 임하시면, 반드시 승리가 임해야 합니다.

성령을 받기 전에 제자들은 항상 묶임 가운데 있었습니다. 어느 날 예수님께서 십자가에 달리시기 전에 그들에게 말씀하셨습니다. "너희 중의 한 사람이 나를 팔리라"(마 26:21). 그러자 자신들의 무능함과 가련함과 악행을 너무나 잘 알고 있던 제자들은 예수님께 "나는 아니지요?"(마 26:22)라고 말했습니다. 그러자 베드로는 자신이 그런 위치에 서 있다는 것이 부끄러워서 일어나 말했습니다. "모두 주를 버릴지라도 나는 결코 버리지 않겠나이다"(마 26:33). 마찬가지로 다른 제자들도 일어나 자신들도 버리지 않겠다고 선포했습니다. 그러나 그들은 모두 주님을 버렸습니다.

사랑하는 여러분, 성령의 부어주시는 능력을 받은 후에 그들은 사자처럼 용감하여 어떠한 난관도 피하지 않았습니다. 그들은 어떤 시련도 견디는 자들이 되었습니다. 하나님의 능력이 그들에게 임하자 십자가 사건 이전에는 실패했던 바로 그 사람들이 함께 모인 모든 사람들 앞에 나와 영광의 주를 못 박은 것을 고발하였습니다. 그들은 담대했습니다.

무엇이 그들을 이렇게 만들었을까요? 순결함입니다. 여러분에게 말씀드리지만 순결함이 담대함입니다. 어린아이를 예로 들어보겠습니다. 어린아이는 눈을 피하지 않고 원하는 만큼 오랫동안 여러분의 눈을 쳐다볼 것입니다. 사람이 순결할수록 그만큼 담대합니다.

하나님은 우리의 마음과 삶에 거룩한 순결함과 담대함이 회복되길 원하십니다. 오만함이나 고집, 자기 의가 아니라 순결하고 거룩한 만남을 원하십니다. 그 만남은 여러분 안에 오셔서 여러분과 함께 사실 그분과의 만남입니다. 그분은 사탄의 세력들을 물리치시고 여러분을 승리의 자리로, 이 세상을 이기는 자리로 인도하실 것입니다.

여러분은 결코 이러한 승리를 육신으로부터 물려받지 않았습니다. 그것은 하나님께서 성령을 통해 순종하는 모든 자에게 주시는 선물입니다. 사랑하는 여러분, 하나님은 여러분을 승리자로 만드실 수 있습니다.

하나님의 성령이 여러분의 몸에 임하시면, 그분은 여러분을 변화시키십니다. 그분은 여러분에게 생명을 주십니다. 성령 안에는 생명이 있고, 그 생명은 여러분을 죄와 사망의 법에서 해방시킬 것이며(롬 8:2), 여러분에게 담대함과 거룩한 성품을 줄 것입니다. 그것은 신의 성품입니다. 그것은 여러분 안에 계신 하나님이십니다.

하나님께서는 여러분을 온전히 변화시킬 수 있으시며, 하나님의 질서를 따르는 새로운 피조물이 될 수 있도록 성령에 의한 질서 안으로 인도하십니다. 믿는 자에게 패배는 없습니다. 십자가 없이, 그리스도의 의 없이, 중생 없이, 그리스도의 내주하심 없이, 하나님의 거룩한 안으로의 오심(incoming) 없이, 우리는 실패자가 됩니다. 그러나 성령 하나님은 우리가 의로 새로워질 때까지, 그리고 우리가 하나님의 자녀가 될 때까지 우리 안에 오셔서 우리를 대신하십니다.

여러분은 하나님이 여러분을 실패하도록 만드셨다고 생각하십니까? 하나님은 결코 실패를 위해 사람들을 만들지 않으셨습니다. 그분은 이 땅에서 능력으로 행하는 아들들로 삼으시기 위해 우리를 만드셨습니다. 저는 하나님께서 여러분에게 모든 것을 복종시킬 능력을 주실 수 있다는 것을 압니다. 그렇습니다.

여러분은 여러분 안에 거하시는 그리스도의 능력을 가질 수 있습니다. 그분의 능력은 모든 것을 여러분의 발아래에 복종시킬 수 있으며, 여러분이 육신과 마귀를 다스리도록 할 수 있습니다. 그분의 능력은 오직 주님을 높이고 그분을 영화롭게 하는 것 이외에 그 어떤 것도 여러분 안에서 고개를 들지 못하도록 역사할 수 있습니다.

하나님은 제가 여러분에게 예수님의 제자들의 모습을 보여주길 원하십니다. 그들도 저와 여러분처럼 매우 연약했습니다. 그러기 때문에 우리도 이제 하나님으로 충만하여, 이 놀라운 진리의 사신들이 될 수 있습니다.

우리는 연약하고 무기력했으며 가는 곳마다 실패했던 베드로를 압니다. 그러나 하나님께서 그를 그분의 의의 성령으로 충만하게 채우셨을 때에 베드로는 사자처럼 다녔습니다. 나아가 그가 죽음에(심지어 십자가형에) 직면했을 때, 그는 자신이 주님처럼 십자가에 못 박힐 자격이 없다고 생각해서 그를 처형하는 자들에게 자신을 십자가에 거꾸로 달아 달라고 부탁했습니다. 그는 모든 육신보다 더 큰 순종과 능력을 지니고 있었습니다. 베드로는 하나님의 능력을 받았던 것입니다.

하나님의 변함없는 말씀

성경은 상반된 이야기를 하지 않습니다. 성경은 진리만을 말합니다. 저는 여러분이 진리를 알기 원합니다. 그러면 진리가 여러분을 자유케 할 것입니다(요 8:32). 진리가 무엇인가요? 예수님이 말씀하셨습니다. "내가 곧 길이요 진리요 생명이니"(요 14:6). 또한 주님은 "나를 믿는 자는 성경에 이름과 같이 그 배에서 생수의 강이 흘러나오리라"(요 7:38)고 말씀하셨습니다. 그것은 그분이 영광을 받으신 후에 주실 성령에 대해 말씀하신 것이었습니다(요 7:39).

저는 성경에서 거룩함밖에 발견하지 못하고, 세상에서는 세속밖에 발견하지 못합니다. 그러므로 제가 세상에 살면 저는 세속적인 사람이 될 것입니다. 그러나 반대로 제가 성경 안에 살면 저는 거룩하게 될 것입니다. 그러므로 "진리가 너희를 자유롭게 하리라"(요 8:32)는 말씀은 진리입니다.

하나님의 변화시키는 능력

하나님의 능력은 여러분을 변화시킬 수 있습니다. 그분은 여러분으로 하여금 죄를 미워하고 의를 사랑하도록 만드실 수 있습니다(시 45:7). 그분은 원한과 증오와 탐욕과 악의를 제거하실 수 있습니다. 하나님께서는 보혈을 통해 여러분을 거룩하게 구별하셔서 모든 면에서 순결하고 거룩하게 만드실 수 있습니다. 마음과 행동이 온전히 순결하도록 만드실 수 있습니다.

하나님은 저에게 생명의 길을 주셨습니다. 그래서 저는 오늘이 저의 마지막 날인 것처럼 충성되게 그것을 여러분에게 드리고 싶습니다. 예수님은 최고의 축복입니다. 그래서 여러분은 이 아침에 그분을 가져갈 수 있습니다. 하나님은 그분의 아들을 주셨습니다. 이는 그분이 우리만 위할 뿐 아니요 온 세상의 죄를 위하여 화목제물이 되게 하시기(요일 2:2) 위함입니다.

예수님은 우리를 죄에서(질병과 고통에서) 해방시키기 위해 오셨습니다. 병들어 고통 가운데 있는 사람을 볼 때, 저는 그를 매우 긍휼히 여깁니다. 그에게 안수할 때에 저는 하나님께서 사람들로 하여금 그분으로 충만케 하실 의도를 가지고 계시다는 것을 압니다. 그리고 그것은 죄가 사람들에게 영향을 미치지 못하도록 하기 위함입니다. 주님은 사람들이 제가 지금 하는 것처럼 앞으로 나아가 곤경에 처한 자들과 병든 자들과 고통당하는 자들을 돕길 원하십니다.

그러나 중요한 것이 무엇입니까? 그것은 하나님의 나라와 그분의 의를 전하는 것입니다(마 6:33). 예수님은 이를 행하기 위해 오셨습니다. 또한 세례 요한은 회개를 전파했습니다(막 1:4). 제자들은 "하나님께 대한 회개와 우리 주 예수 그리스도께 대한 믿음"(행 20:21)을 증거함으로써 시작했습니다. 사랑하는 여러분, 만일 여러분이 정말로 하나님에 의해 변화되었다면 여러분의 마음에 회개가 일어날 것이며, 여러분은 결코 그렇게 된 것을 후회하지 않을 것입니다.

하나님의 말씀의 계시를 통해 우리는 거룩한 치유가 오직 하나님의 영광을 위한 것임을 발견합니다. 나아가 구원은 여러분이 이제 또 다른 존재, 즉 하나님이 여러분 안에 사셔야만 한다는 것과 또한 이제 여러분이 하나님과 함께 새 생명 가운데 행해야 한다는 것을 알려줍니다(롬 6:4).

Chapter 19

오래 참음과 병 고침의 은사

다른 사람에게는 같은 성령으로 믿음을, 어떤 사람에게는 한 성령으로 병 고치는 은사를 (고전 12:9)

오늘 우리는 병 고침의 은사에 대해 알아보겠습니다. 그러나 여러분에게 성령이 없으면 은사들이나 서신서를 이해할 수 없습니다. 모든 서신서는 중생하지 못한 자들이 아니라 세례를 받은 자들을 위해 쓴 것입니다. 서신서들은 성숙하여 이제 그리스도의 성품을 드러내는 자들에게 쓴 것입니다. 그러니 성령세례를 받기 전에 먼저 서신서로 건너 뛰지 마십시오.

하나님께서 저를 통해 전하시고자 하는 이 가르침으로 인해 그분께서 여러분을 완전히 다루시기까지 여러분을 쉬지 못하도록 만들고 불

만족스럽게 만드실 것입니다. 만일 우리가 서신서를 통해 하나님의 마음을 알기 원한다 할지라도 성령께서 친히 계시해 주시지 않으면 어떤 진리도 열리지 않을 것입니다. 말씀을 주시고 문을 여시는 분은 성령이십니다. 하나님께서 주신 가장 신선한 말씀의 보석들이 우리를 둘러싸고 있으니 가난하게 살지 마십시오. 마태복음 7장 7-8절은 다음과 같이 말합니다.

> 구하라 그리하면 너희에게 주실 것이요 찾으라 그리하면 찾아낼 것이요 문을 두드리라 그리하면 너희에게 열릴 것이니 구하는 이마다 받을 것이요 찾는 이는 찾아낼 것이요 두드리는 이에게 열릴 것이니라

이 말씀은 하나님의 말씀의 권위로 지지를 받습니다. 기억하십시오. 이 말씀은 성령께서 오늘 아침에 우리에게 하시는 말씀입니다.

더 높은 고지

저는 여러분을 깨워 여러분이 위대한 가능성을 가지고 있음을 알려주고 싶어서 왔습니다. 여러분의 책임은 클 것입니다. 하지만 그것은 여러분의 가능성만큼 크지는 않습니다. 여러분은 언제나 하나님의 공급이 풍성함 이상임을 발견하게 될 것입니다. 그리고 그분은 여러분이 그분의 사고방식과 일치해서 여러분이 스스로 제한하지 않길 원하십니

다. 하나님 안에서 크게 생각하십시오!

방언 통역) 하나님이 우리를 위해 택하신 것은 우리보다 훨씬 더 강하도다. 그것은 끝이 없고, 고지보다 더 높으며, 그 어떤 것보다 아름답도다. 하나님은 너희가 모든 것을 믿도록 하기 위해 너희를 약간 누르시는도다. 이는 너희로 하여금 성령의 능력으로 말미암아 '모든 것을 견디고 영생을 붙들게' 하기 위함이라.

병 고침의 은사를 행하는 방법

병 고침의 은사는 참으로 놀라운 은사입니다. 하나님은 우리가 그 어떤 것에도 부족함이 없기를 바라십니다(고전 1:7).

저는 '병 고치는 은사'란 표현을 좋아합니다. 이 은사를 가지려면 저 자신을 하나님의 마음과 뜻에 일치시켜야 합니다. 여러분이 오래 참음(long-suffering)이라고 하는 복된 열매를 가지고 있지 않다면, 병 고치는 은사를 가질 수 없을 것입니다. 여러분은 이 은사들이 이것들을 작동시키는 것과 비례하여 나타난다는 것을 알게 될 것입니다.

어떻게 병 고침의 은사를 교회 안에 있는 특권들과 우리를 대적하고 육체들을 소유한 사탄의 악한 능력들을 고려하면서 사용할 수 있을까요? 하나님을 통해 병 고치는 은사를 행하기 원하는 사람은 오래 참고, 안위의 말을 하는 사람이어야 합니다. 고통과 무기력 가운데 있는 사람이 모든 일에 있어서 우리와 눈을 마주치지 않고 그가 원하는 것을 모두 얻지 못한다 할지라도 오래 참으면 이를 견디고 참을 수 있을 것입니다. 오래 참는 것은 예수님께서 소유하셨고 그분 안에서 역사하였던 은혜입니다. 그분은 긍휼로 가득하셨습니다. 그리고 우리가 그 자리에 도달하기 전에 하나님은 결코 우리가 곤경에 처한 자들을 돕는 것을 허락하지 않으실 것입니다.

여러분은 제가 병자를 위해 기도하는 모습을 보고 때로 제가 사랑이 없고 거칠다고 생각할지 모르겠습니다. 그러나 여러분은 제가 병자 뒤에 있는 존재와 고통당하고 있는 자의 배후에 있는 존재를 보고 있다는 사실을 모릅니다. 저는 고통받는 자를 묶고 있는 사탄의 세력들을 다루고 있습니다. 사람들에 관한 한 제 마음은 모든 사람을 향해 사랑과 긍휼로 가득합니다. 그러나 저는 여러분이 마귀에게 분노하지도 않는데 하나님께서 여러분을 사용하실 것이라고 생각하지 않습니다.

어느 날 한 숙녀가 집을 나서자 그녀의 애완견이 따라 나서며 그녀 주변을 뛰어다녔습니다. 그녀는 강아지에게 "오늘은 내가 너를 데려갈 수 없구나"라고 말했습니다. 그런데 강아지는 여전히 꼬리를 흔들며 난리법석을 피웠습니다. "집으로 가"라고 그녀가 말했습니다. 하지만 강아지는 집에 가지 않았습니다. 마침내 그녀는 거칠게 소리쳤습니다. "집에 가!" 그러자 그 강아지는 집으로 돌아갔습니다.

어떤 사람들은 마귀를 그렇게 취급합니다. "형편없는 것!"이라고 말하기도 합니다. 마귀는 사람들이 하는 위로의 말에 끄떡도 하지 않습니다. 마귀를 쫓아내십시오! 여러분은 사람을 다루고 있는 것이 아니라 마귀를 다루고 있습니다. 여러분이 권위를 가지고 "마귀들아, 주님의 이름으로 나와라"라고 말한다면 그들은 나와야 합니다. 여러분이 질병을 마귀의 역사로 여기고 담대하게 처리한다면 언제나 승리할 것입니다.

병 고치는 은사는 너무나 다양해서 여러분은 종종 이 은사가 분별의 은사와 연결되어 작동한다는 것을 발견하게 될 것입니다. 나아가 성령의 나타나심은 "(모든 사람에게) 유익하게 하려 하심"(고전 12:7)입니다.

여러분은 암을 취급할 경우, 그것을 몸을 파괴하고 있는 악한 영으로 취급해야 합니다. 암은 제가 알고 있는 악한 영들 중에서 가장 악한 종류 중 하나입니다. 마귀에겐 선한 것이 조금도 없기 때문에(마귀로 인한 질병은 크든 작든 악한 것입니다) 이런 형태의 질병은 반드시 쫓아내야 합니다.

병 고침의 기적들

제가 빅토리아홀에서 처음으로 만난 사람들 중 유방암에 걸린 여인이 있었습니다. 암을 저주하자마자 그것이 죽었고 출혈이 멈췄습니다. 이어서 그녀의 몸이 그 암을 쫓아냈습니다. 왜냐하면 자연적인 몸에는 죽은 것이 있을 수 없기 때문입니다. 그 암 덩어리는 마치 수천 개의 섬유질로 된 커다란 공같이 보였습니다. 이 모든 섬유질들이 몸에 퍼졌지만, 악한 세력이 파괴되는 순간 그들도 힘을 잃었습니다.

예수님은 우리에게 묶고 풀 수 있는 능력을 주셨습니다(마 16:19). 우리는 악한 세력들을 묶고 고통받는 자들을 풀어서 해방시켜야 합니다. 사탄이 마음을 지배하는 경우가 많이 있으나 사탄의 영향을 받는 모든 사람들이 정신병원에 있는 것은 아닙니다.

저는 자유가 무엇인지 여러분께 말하겠습니다. 성령의 충만함과 구속에 대한 분명한 지식을 누리는 자는 누구나 자신에게 몸이 있다는 것을 인식해서는 안 됩니다. 여러분은 잠도 자고 음식도 먹고 소화시켜야 하지만 몸을 의식해서는 안 됩니다. 여러분은 하나님의 생각과 마음을 담은 살아 있는 편지여야 하고, 통증 없이 살아야 합니다. 그것이 바로 구속입니다. 하나님의 뜻 안에 온전히 거하고, 완전한 구속을 충만하게 소유하려면 우리에게는 어떤 종류의 통증도 있어서는 안 됩니다.

저도 어느 정도 이를 경험한 적이 있습니다. 제가 약하고 무기력하여 친구들이 제가 죽을 것이라고 예상했을 때, 그 고통의 자리에서 구속의 충만함을 맛보았습니다. 저는 시편 91편을 읽고 또 읽으면서 장수를 주장했습니다. "내가 그를 장수하게 함으로 그를 만족하게 하며 나의 구원을 그에게 보이리라"(시 91:16). 그분의 구원은 장수보다 큽니다. 하나님의 구원은 모든 것으로부터의 구원(deliverance)입니다. 그래서 제가 여기 이렇게 있습니다.

최소한 25-30명의 사람들이 제가 죽을 것이라고 예상했습니다. 그런데 지금 제가 63세인데도 젊은이처럼 느껴집니다. 그러므로 제가 전하는 이 진리에는 단지 말 이상의 무언가가 있습니다. 하나님은 첫 열매(약 1:18), 즉 원수의 모든 권세를 이길 능력을 지닌 하나님의 아들들(이 세상에 살고 있지만 이 세상에 속하지 않은 자들)이 되는 것 이외에 다른 목적을 위해 우리를 지으시지 않았습니다(요 17:14-16).

귀신들 다루기

귀신들을 쫓아낼 때, 우리는 명령하는 데 있어서 조심해야 합니다. 어떤 사람은 "나와라"라고 말할지 모릅니다. 하지만 그 명령이 하나님의 성령으로 말미암은 것이 아니면 아무 소용이 없습니다.

과거에 한밤중에 마귀가 저를 놀리고 괴롭히려고 한 적이 있었습니다. 저는 악한 세력들과 치열하게 전투를 벌였지만, 제가 유일하게 축사(deliverance)를 경험한 것은 주님의 이름으로 그들을 묶었을 때였습니다.

하루는 귀신들린 자와 걸었는데, 사람들이 많은 곳을 뚫고 지나가던 중 그 남자가 소리를 지르며 제멋대로 행동했습니다. 제가 담대하게 그를 쳐다보자 귀신들이 그에게서 나왔습니다. 그러나 제가 주의를 기울이지 않았기 때문에 귀신들이 바로 저에게 달라붙어 움직일 수 없었습니다.

때로 제가 강단에서 사역할 때 마귀의 세력들이 저를 공격하곤 합니다. 그럴 때 사람들은 제가 사람들에게서 귀신을 쫓아내고 있다고 생각합니다. 하지만 저는 저 자신에게서 귀신을 쫓아낸 것이었습니다. 사람들은 제가 거리에서 그 남자에게서 악한 영들을 쫓아낼 때에 그 상황을 이해하지 못했습니다. 그러나 저는 이해했습니다. 그 어려움을 겪었던 사람은 현재 복음을 전하는 매우 훌륭한 사역자가 되었습니다. 그 사람을 축사하기 위해서 누군가가 강한 자를 결박해야 했습니다(마 12:29).

여러분은 여러분이 서 있는 근거를 분명히 해야 합니다. 여러분은 여러분에게 더 강한 힘, 즉 마귀를 파괴하는 힘이 있다는 것을 확신해야 합니다. 요한일서의 말씀에서 여러분의 위치를 발견하고 이를 주장하십시오. "너희 안에 계신 이가 세상에 있는 자보다 크심이라"(요일 4:4). 만일 능력이 여러분에게서 나온다고 생각하면, 큰 실수를 하는 것입니다. 그것은 그분으로 충만한 여러분의 존재에서 나오는 것이며, 그분께서 여러분의 자리(여러분의 생각, 말, 그리고 하나님의 성령이 사용하시는 여러분의 모든 것)에서 행하시기 때문에 나오는 것입니다.

노르웨이에서 일어난 기적들

노르웨이에서 우리는 1,500명을 수용하는 장소를 얻었습니다. 제가 도착했을 때 건물은 꽉 찼고, 수백 명의 사람들이 안으로 들어가지 못했습니다. 질서를 위해 몇몇 경찰들이 서 있었습니다. 저는 밖에 있는 사람들에게 복음을 전한 뒤에 안으로 들어가는 것이 좋겠다고 생각했습니다.

저는 경찰관에게 이렇게 말했습니다. "이 상황이 보이시죠. 저는 모든 사람을 도울 수 있는 메시지를 가지고 왔습니다. 그런데 밖에 이렇게 많은 사람들이 서 있는 것을 보니 마음이 매우 아픕니다. 제가 내일 더 넓은 곳에서 집회를 열 수 있도록 허락해주시길 부탁합니다. 그렇게 해주시겠습니까?" 그들은 그렇게 하겠다는 의미로 손을 위로 들어올렸습니다.

다음날은 매우 아름다운 날이었습니다. 커다란 공원에 약 10피트 높이의 거대한 스탠드가 있었는데 거기에 수천 명의 사람들이 모였습니다. 설교를 한 뒤 우리는 놀라운 치유의 시간을 가졌습니다. 한 남자는 1백마일 떨어진 곳에서 왔는데 자신이 먹을 음식을 가지고 왔습니다. 그는 위에 커다란 종양이 자라고 있어서 한 달 이상 음식을 넘기지 못하고 있었습니다. 집회에서 나음을 입은 그는 챙겨온 도시락을 열어 모든 사람 앞에서 먹기 시작했습니다.

이어서 손이 뻣뻣한 젊은 여인이 왔습니다. 제가 질병의 영을 저주하자 즉시 쫓겨 나갔고, 팔이 자유롭게 되었습니다. 그녀는 자기 머리 위로 손을 흔들며 말했습니다. "저의 아버지가 경찰국장이에요. 저는 소녀시절부터 이 병에 묶여 있었어요."

집회가 끝났을 때, 사탄이 두 사람에게 발작을 일으켜 괴롭혔습니다. 저는 그들이 있는 곳으로 뛰어내려가 예수의 이름으로 그들에게서 귀신을 내쫓았습니다. 그것을 본 몇몇 사람들이 말했습니다. "오, 저 사람 좀 거칠지 않니?" 그러나 고통받던 자들이 일어나 하나님을 찬양하는 것을 보자 모두 기뻐했습니다.

기적의 대가

오, 우리는 일어나 우리의 믿음을 일깨워 하나님을 믿어야 합니다! 하나님이 저를 이곳에 부르시기 전에 그분은 저를 수천 번 깨뜨리셔야

했습니다. 저는 울고, 또 신음했습니다. 하나님께서 저를 깨뜨리시기까지 저는 매일 진통을 겪었습니다. 하나님께서 여러분을 쓰러뜨리시기 전에 여러분은 다른 사람들을 위해 이처럼 오래 참지 못할 것입니다.

제가 카디프에 있을 때, 주님께서 집회 장소에서 한 여인을 즉시 고쳐주셨습니다. 그녀는 궤양으로 고생하고 있었는데, 우리가 찬양을 하는 동안 팔다리를 쭉 펴고 넘어져서 울었습니다. 그런데 저는 뭔가 조치를 취해야 한다는 것을 느꼈습니다. 저는 그 여인 곁에 앉아 무릎을 꿇고 그녀의 몸에 안수했습니다. 그러자 즉시 마귀의 세력들이 파괴되었습니다. 그녀는 궤양으로부터 해방되어 일어나 함께 찬양했습니다.

우리는 이 마지막 때에 놀라운 기적들을 보고 있습니다. 그런데 이것은 앞으로 우리가 보게 될 것의 극히 일부에 지나지 않습니다. 여기서 보게 될 것이라는 말은 20년 혹은 2년 후를 의미하는 것이 아닙니다. 저는 우리가 지금 놀라운 시대로 향하는 출발점에 있다고 믿습니다.

여러분은 이런 은사들이 다 익은 체리처럼 떨어질 것이라고 생각해서는 안 됩니다. 우리가 하나님에게서 얻는 모든 것에 대해 대가를 지불해야 합니다. 대가를 지불할 필요가 없는 것은 그만큼 가치가 없는 것입니다.

절름발이에게 사역하다

제가 앤트워프와 브뤼셀에 있었을 때, 하나님의 능력이 매우 강하게 임했습니다. 런던으로 가던 중 저는 몇몇 친구들을 방문했습니다. 주님의 인도하심을 보여주는 듯 이 친구들이 "오, 하나님께서 당신을 이곳에 보내셨습니다. 우리에게는 당신이 정말로 필요합니다!"라고 말했습니다. 그들은 26세 된 젊은이가 사는 곳으로 전보를 보냈습니다. 그 청년은 18년 동안 병상에 누워 있었습니다. 그의 몸은 오랫동안 활동하지 않아서 일반인보다 훨씬 컸고, 두 다리는 어린아이의 다리 같았습니다. 뼈 대신 연골만 있는 것 같았습니다. 그는 한 번도 혼자서 옷을 입어본 적이 없었습니다.

그의 가족들이 전보를 받고 아버지가 그에게 옷을 입혀 주었습니다. 그는 의자에 앉아 있었습니다. 저는 그것이 일생일대의 기회라고 느껴졌습니다. 저는 이 젊은이에게 "당신이 마음에 품고 있는 가장 큰 소망이 무엇입니까?"라고 말했습니다. 그는 "성령으로 충만해지는 것입니다!"라고 말했습니다. 제가 그에게 안수하고 이렇게 말했습니다. "성령을 받으라, 받으라."

그는 즉시 성령에 취했고, 커다란 부대자루처럼 의자에서 바닥으로 떨어졌습니다. 저는 하나님께서 무기력한 절름발이에게 행하시는 일을 보았습니다. 첫째, 그의 머리가 무섭게 진동하기 시작했습니다. 그런 다음 그의 등이 매우 빠르게 움직이기 시작했고, 그 다음에는 다리가 움직이기 시작했습니다. 그리고 그는 방언으로 분명하게 말했습니다. 우리는 울면서 주님을 찬양했습니다. 그런데 그의 다리는 외관상 예전과 똑같아 보였습니다. 제가 놓친 것이 바로 이것이었습니다.

가끔 이렇게 놓칠 때 하나님께서 우리에게 중요한 교훈들을 가르쳐

주시는 기회가 되기도 합니다. 그분은 우리의 연약함을 통해 믿음이 아닌 것이 무엇인지를 보여주십니다. 제가 그의 몸을 본 것은 믿음이 아니었습니다. 그것은 인간의 본성이었습니다. 하나님의 역사를 이루기 원하는 자는 결코 상태를 봐서는 안 되고, 모든 것이 완전하신 예수님을 바라봐야 합니다.

저는 그 청년을 보았지만 도와줄 방법이 전혀 없었습니다. 저는 주님께 돌아가 "주님, 제가 어떻게 해야 할지 말씀해주세요"라고 말했습니다. 그러자 주님께서 말씀하셨습니다. 주님께서는 "그에게 내 이름으로 걸으라고 명령하라"고 말씀하셨습니다. 여기서 저는 또 놓쳤습니다. 저는 다시 그의 상태를 보았습니다. 그리고 그의 다리에 힘이 있는지 없는지를 알아보기 위해 그의 아버지에게 그를 일으켜 세워보라고 말했습니다. 우리는 최선을 다했지만, 우리 두 사람이 힘을 합해도 그를 움직이게 할 수 없었습니다.

그러자 주님께서 저의 잘못을 보여주셨습니다. 그래서 저는 "하나님, 저를 용서하소서"라고 말했습니다. 저는 즉시 무릎을 꿇고 회개한 후 주님께 말씀드렸습니다. "주님, 제발 저에게 다시 말씀해주십시오." 하나님은 매우 선하십니다. 그분은 결코 우리의 문제를 우리에게 맡기시지 않습니다. 주님은 다시 저에게 말씀하셨습니다. "그에게 내 이름으로 걸으라고 명령하라." 그래서 저는 "예수의 이름으로 일어나 걸으라"고 소리쳤습니다.

그가 걸었을까요? 아닙니다. 그는 결코 걷지 않았습니다. 하나님의 능력이 그를 일으켜 세우자 그는 뛰었습니다. 활짝 열린 문으로 나간 그는 도로를 건너 밭으로 뛰어갔습니다. 그는 이리저리 뛰어다니다가 다시 돌아왔습니다. 오, 그것은 놀라운 기적이었습니다!

하나님께서 당신을 사용하실 수 있는가?

우리에게는 앞으로 행해야 할 기적들이 있습니다. 그리고 이런 기적들은 우리에게 내려온 그분의 영적인 은혜의 완전한 계획을 이해할 때, 우리를 통해 행해질 것입니다. 우리가 깨어짐과 순종, 온전한 순복의 자리에 이를 때, 우리는 쇠하고 하나님은 흥하는(요 3:30) 자리에 이를 때 이런 기적들이 우리에게 임할 것입니다.

여러분은 그분이 여러분의 생각과 선택의 기준이 되시도록 하겠습니까? 모든 은혜의 하나님이신 그분께 순종하십시오. 이는 여러분이 모든 선한 일을 하기 위해 믿음을 공급받고, 주님의 마음이 여러분 안에서 자유롭게 움직이고 그것이 달음질하고 영광스럽게 되도록 하기 위함입니다(살후 3:1). 이방인들이 진리를 알도록, 물이 바다를 덮음같이 땅끝까지 주의 영광이 가득하도록 순종하십시오(사 11:9).

Chapter 20
나는 너를 치료하는 여호와라

너희 중에 병든 자가 있느냐 그는 교회의 장로들을 청할 것이요 그들은 주의 이름으로 기름을 바르며 그를 위하여 기도할지니라 믿음의 기도는 병든 자를 구원하리니 주께서 그를 일으키시리라 혹시 죄를 범하였을지라도 사하심을 받으리라 (약 5:14-15)

우리는 이 귀한 말씀에서 치유의 진리에 대한 진정한 기초를 얻을 수 있습니다. 이 말씀에서 하나님은 병자에게 매우 분명하게 명령하십니다. 만일 여러분이 아프다면, 먼저 해야 할 일은 교회의 장로를 부르는 것입니다. 그리고 기름을 바르고 여러분을 위해 믿음으로 기도하는 것은 그들의 몫입니다. 그러면 이제 모든 상황이 주님께 달려 있습니다. 여러분이 기름을 바르고 기도를 받으면, 주님께서 여러분을 일으키실 것이라는 확신을 가질 수 있습니다. 이것은 하나님의 말씀입니다.

교회는 이 일을 조롱하지 말아야 합니다. 신자들이 이 분명한 명령에서 벗어난다면, 그들은 굉장히 위험한 위치에 서게 될 것입니다. 이 말씀에 순종하길 거절하는 자들은 말할 수 없는 손실을 입게 됩니다.

> 내 형제들아 너희 중에 미혹되어 진리를 떠난 자를 누가 돌아서게 하면 너희가 알 것은 죄인을 미혹된 길에서 돌아서게 하는 자가 그의 영혼을 사망에서 구원할 것이며 허다한 죄를 덮을 것임이라 (약 5:19-20)

많은 사람들이 아사 왕처럼 주님을 떠납니다. 병에 걸리자 그는 여호와께 구하지 아니하고 의원들에게 도움을 구하였습니다(대하 16:12). 그 결과 그는 죽었습니다(대하 16:13). 야고보서의 말씀이 뜻하는 바는 누군가가 다른 사람을 권유하여 주님께로 돌아서게 하면 그는 그 사람을 사망에서 구하고 하나님은 그 사람의 수많은 죄를 용서하신다는 것입니다. 또한 이 말씀을 확대해서 구원에 적용할 수 있습니다. 여러분이 하나님의 진리에서 떠난다면, 원수 마귀는 분명 여러분을 이길 것입니다.

주님께서 치유를 위해 그분을 바라보고 야고보서에 제시된 명령에 순종하는 자들을 만나주실까요? 확실히 그렇습니다. 그분은 어떠한 질병도 고쳐주십니다.

지난밤에 한 여인이 극심한 고통 가운데 집회에 참석했습니다. 그녀의 팔은 독으로 가득했고, 피에도 독이 가득하여 그녀가 죽는 것은 기정사실이었습니다. 우리는 그 병을 꾸짖었습니다. 그녀가 오늘 이곳에 참석했는데, 밤새 고통 없이 잘 잤다고 합니다. 최근 두 달 동안 그녀는 이런 적이 없었습니다. 모든 영광을 하나님께 돌립니다! 여러분은 주님께서 항상 이런 일을 하신다는 것을 알게 될 것입니다.

하나님은 이중으로 치유하시는데, 비록 죄가 병의 원인이라 할지라도 야고보서 5장 15절의 말씀은 "혹시 죄를 범하였을지라도 사하심을 받으리라"고 선언합니다.

예수님에 대한 믿음과 다른 이들에 대한 복종

많은 사람들이 "믿음이 뭡니까?"라고 묻습니다. 믿음은 하나님의 말씀의 원리입니다. 말씀에 영감을 주시는 성령은 진리의 영이라 부릅니다. 우리가 마음에 심긴 말씀을 온유함으로 받으면(약 1:21) 믿음(갈보리의 희생에 대한 믿음, 예수님이 흘리신 보혈에 대한 믿음, 주님께서 우리의 연약함을 취하시고 질병을 지셨으며 우리의 고통을 지시고 오늘날 우리의 생명이 되셨다는 사실에 대한 믿음)이 우리 마음에서 샘솟습니다.

하나님은 서로 돕도록 우리를 택하셨습니다. 따라서 우리는 독립적이어서는 안 됩니다. 그분은 서로 순종하는 자리로 우리를 인도하십니다. 그런데 우리가 이렇게 하길 거부한다면, 하나님의 말씀과 믿음의 자리에서 벗어나게 됩니다. 저도 이런 적이 있는데, 결코 다시 그렇게 하지 않을 것입니다.

제가 한 집회에 갔을 때에 이런 일이 일어났습니다. 저는 매우 아팠는데 상태가 점점 더 나빠졌습니다. 저는 하나님의 완전하신 뜻이 제가 겸손히 교회 장로들에게 기도해달라고 부탁하는 것이라는 사실을 알았습니다. 그러나 저는 집회를 취소하고 끝냈습니다. 저는 기름을 바르지도 않고 기도도 받지 않은 채 집으로 돌아왔습니다. 그 후 우리 가족 모두 저와 같은 병에 걸렸습니다.

저의 어린 아들들은 우리 가정의 주치의가 되신 주님을 신뢰하는 것 외에 다른 방법을 몰랐습니다. 저의 막내아들 조지가 다락방에서 "아빠, 이리 와보세요"라고 소리쳤습니다. 저는 아들에게 이렇게 말했습니다. "난 지금 갈 수가 없단다. 이 모든 것이 아빠 때문이야. 나는 먼저 회개하고 주님께 용서해달라고 구해야 해." 저는 모든 교회 앞에서 저의 부족함을 고백하기로 결심했습니다.

그런 다음 저는 다락방으로 달려가 예수의 이름으로 제 아들에게 안수했습니다. 제가 그의 머리에 안수하자 통증이 아래쪽으로 내려갔습니다. 그가 "더 아래쪽에 안수해주세요"라고 외쳤습니다. 계속 이렇게 하자 마침내 통증이 그의 발까지 내려갔습니다. 제가 그의 발에 안수하자 그는 온전히 나음을 입었습니다. 어떤 악한 세력이 분명 아들을 붙들고 있었는데, 제가 그의 몸의 여러 부분에 안수하자 그 세력이 떠났습니다(우리는 병자에게 기름을 바르는 것과 귀신들을 쫓아내는 것 사이의 차이를 알아야 합니다). 우리가 하나님 앞에서 겸손히 상한 마음으로 나아가면, 그분은 언제나 우리에게 은혜를 베풀어주실 것입니다.

마비환자를 위해 기도하다

제가 프랑스의 르 하브르에 있을 때, 하나님의 능력이 강력하게 나타났습니다. 펠릭스라는 그리스 사람이 그 집회에 참석했는데, 하나님에 대해 무척 열심이었습니다. 그는 할 수 있는 한 모든 가톨릭 교인들을 집회에 데려오고 싶어 했습니다. 그것은 그들에게 하나님이 프랑스에 은혜를 부어주고 계시다는 것을 보여주기 위함이었습니다.

그는 아파서 누워 있는 한 여인을 발견했습니다. 그녀는 특정한 자세로 고정되어 움직일 수가 없었습니다. 그래서 그는 그녀에게 집회에서 일어나는 주님의 치유에 대해 이야기하며, 그녀가 원한다면 저를 그녀의 집에 데리고 가겠다고 말했습니다. 그러자 그녀는 "남편이 가톨릭 신자라서 가톨릭 신자가 아닌 사람은 결코 방문하도록 허락하지 않을 것입니다"라고 말했습니다.

그녀는 남편에게 제가 집에 올 수 있도록 허락해달라고 부탁했고, 펠릭스가 우리 가운데 역사하시는 하나님의 능력에 대해 그녀에게 해준 말을 전했습니다. 그녀의 남편은 "우리 집에 절대로 개신교인을 들여보낼 수 없어"라고 말했습니다. 그녀는 "의사들과 신부들도 저를 도울 수 없다는 것을 당신도 알잖아요. 이 하나님의 사람이 저를 위해 기도해주도록 허락해주지 않겠어요?"라고 말했습니다. 마침내 남편이 동의하여 저는 그녀의 집으로 갔습니다. 그 여인의 어린아이와 같은 믿음은 참으로 아름다웠습니다.

저는 그녀에게 기름병을 보여주며 말했습니다. "여기 기름이 있어요. 이것은 성령을 상징하지요. 이것을 당신에게 바르면 성령께서 역사하시기 시작할 것입니다. 그리고 주님께서 당신을 일으켜 세우실 것입니다."

그녀에게 기름을 바르는 순간, 하나님께서 역사하셨습니다. 저는 창문 쪽을 보았는데 예수님이 보였습니다(저는 그분을 자주 보았습니다. 그림 중에서 그분과 조금이라도 비슷한 그림은 없습니다. 어떤 화가도 저의 사랑스러운 주님의 아름다움을 묘사할 수 없습니다). 그 여인은 자기 몸에 역사하는 하나님의 능력을 느끼고는 소리쳤습니다. "저는 자유로워요! 제 손이 자유로워요. 제 어깨도 자유로워요. 오, 예수님이 보여요! 저는 자유로워요! 저는 해방됐어요!"

환상이 사라지자 그 여인은 침대에 앉았습니다. 그런데 그녀의 다리는 여전히 묶여 있었습니다. 그래서 저는 그녀에게 "제가 당신의 다리에 안수할 것입니다. 그러면 당신은 완전히 자유해질 것입니다"라고 말했습니다. 제가 침구로 덮인 양 다리에 안수할 때, 다시 주님이 보였습니다. 그녀도 주님을 보고 소리쳤습니다. "그분이 다시 오셨어요. 저는 자유해요! 저는 자유해요!"

그녀는 침대에서 일어나 하나님을 찬양하며 방안을 이리저리 걸어 다녔습니다. 그리고 우리는 모두 주님이 행하신 놀라운 역사를 보고 눈물을 흘렸습니다. 야고보서 5장 15절의 말씀대로 행할 때, 주님께서 우리를 일으키십니다.

놀라우신 주님

우리에겐 크신 하나님이 계십니다. 우리에겐 놀라운 예수님이 계십니다. 우리에겐 영광스러운 보혜사가 계십니다. 하나님은 여러분을 덮으시되 항상 덮으실 것이며, 악으로부터 여러분을 보존하실 것입니다. "그가 너를 그의 깃으로 덮으시리니"(시 91:4). "하나님의 말씀은 살아 있고 활력이 있어"(히 4:12). 그 보물 안에서 여러분은 영생을 발견할 것입니다. 이 놀라우신 주님, 생명의 주님을 믿는다면, 여러분은 필요한 모든 것을 그분 안에서 발견하실 것입니다.

너무나 많은 사람들이 약을 의존합니다. 그러나 여러분이 하나님을 믿는다면, 그분께서 결코 실패하지 않으신다는 것을 알게 될 것입니다. "믿음의 기도는 병든 자를 구원하리니 주께서 그를 일으키시리라"(약 5:15). 여러분은 그분을 믿으십니까? 그분은 믿기에 합당하신 분입니다.

정신병자를 축사하다

한번은 영국 서부 해변의 휴양도시인 웨스턴슈퍼메어로 와달라는 부탁을 받았습니다. 그곳에 사는 몇몇 사람들이 정신병에 시달리는 한 남자를 위해 기도해달라고 전보를 보낸 것입니다. 그곳에 도착했을 때, 그의 아내가 저에게 "제 남편과 함께 계시겠습니까?"라고 물었습니다.

저는 그렇게 하겠다고 했습니다.

그런데 한밤중에 악한 세력이 그를 장악했습니다. 정말 대단했습니다. 저는 그의 머리에 안수했는데, 머리카락이 마치 이쑤시개가 꼿꼿하게 선 것 같았습니다. 하나님은 축사를 허락하셨지만, 일시적인 축사였습니다. 다음날 아침 6시에 저는 잠시 그 집을 빠져나와야 한다고 느꼈습니다.

그 남자는 제가 가는 것을 보고 소리쳤습니다. "당신이 저를 떠나면 소망이 없습니다." 그러나 저는 가야 한다고 느꼈습니다. 제가 그 집을 나섰을 때, 구세군 모자를 쓴 한 여인을 보았습니다. 저는 그녀가 아침 기도회에 간다는 것을 알아차리고는 그녀를 따라갔습니다. 저는 그 모임을 맡고 있는 대장이 찬양을 부르려고 하는 것을 보고 그에게 말했습니다. "대장님, 찬양하지 말고 기도합시다." 그는 제 말에 동의했습니다. 저는 기도로 마음을 쏟아냈습니다. 그런 뒤에 모자를 집어 들고 급하게 나왔습니다. 그곳에 있던 사람들은 그날 아침 기도회에 한 미친 사람이 왔다고 생각했을 것입니다.

저는 길을 따라 내려갔습니다. 그런데 거기에 제가 하룻밤을 같이 보낸 그 남자가 실오라기 하나 걸치지 않고 바다를 향해 달려 내려가고 있었습니다. 그는 물에 빠져 죽으려 했습니다. 제가 소리쳤습니다. "예수 이름으로 그에게서 나와!" 즉시 그 남자가 바닥에 넘어졌고, 악한 세력이 그에게서 나와 다시 돌아오지 않았습니다. 그의 아내가 그의 뒤를 쫓아 달려왔습니다. 그는 완전히 제정신인 상태로 아내에게 돌아갔습니다.

하나님의 능력으로 보호받다

이 세상에 악한 세력들이 많이 있지만, 예수님은 모든 악한 세력들보다 더 크십니다. 엄청난 질병들이 있지만, 예수님은 치유자이십니다. 그분이 고치시지 못할 질병은 없습니다. 유다의 사자께서는 모든 사슬을 끊으실 것입니다. 그분은 눌린 자를 풀어주시고 포로 된 자를 자유롭게 하시기 위해 오셨습니다(눅 4:18). 그분은 十속을 수시기 위해, 우리를 타락 이전의 완전한 존재로 회복시키기 위해 오셨습니다.

사람들은 하나님의 능력으로 보호받는 법을 알고 싶어 합니다. 여러분이 인도받는 모든 은혜의 자리(용서, 치유, 모든 종류의 축사)에서 사탄이 경쟁할 것입니다. 그는 여러분의 몸을 얻으려고 경쟁할 것입니다. 여러분이 구원을 받을 때 사탄이 와서 "이봐, 너는 구원받지 못했어"라고 말할 것입니다. 마귀는 거짓말쟁이입니다.

저는 모든 것을 비우고 정리한 사람의 이야기를 기억합니다. 악한 세력이 그에게서 나간 후 그 사람은 그냥 그대로 있었습니다(주님께서 여러분을 고쳐주실 때 그냥 있으면 안 됩니다). 얼마 후 악한 영이 다시 그 사람에게 와서 그의 집이 비었다는 것을 알고 자기보다 더 악한 일곱 귀신을 데려와 거기에 살았습니다. 그 사람의 나중 상황은 처음 상황보다 더 악화되었습니다(마 12:43-45). 반드시 하나님으로 충만하십시오. 그분을 모셔 들이십시오. 성령으로 충만하십시오!

하나님께는 그분에게 도움을 청하는 자들의 문제를 해결해줄 방법이 수없이 많습니다. 그분은 사로잡힌 모든 자들을 구원해주십니다. 그분은 여러분을 너무나 사랑하셔서 "그들이 부르기 전에 내가 응답하겠고"(사 65:24)라고 말씀하십니다. 그분을 떠나지 마십시오.

Chapter 21

성령 충만이란 무엇인가?

그 때에 제자가 더 많아졌는데 헬라파 유대인들이 자기의 과부들이 매일의 구제에 빠지므로 히브리파 사람을 원망하니 열두 사도가 모든 제자를 불러 이르되 우리가 하나님의 말씀을 제쳐 놓고 접대를 일삼는 것이 마땅하지 아니하니 형제들아 너희 가운데서 성령과 지혜가 충만하여 칭찬 받는 사람 일곱을 택하라 우리가 이 일을 그들에게 맡기고 우리는 오로지 기도하는 일과 말씀 사역에 힘쓰리라 하니 온 무리가 이 말을 기뻐하여 믿음과 성령이 충만한 사람 스데반과 또 빌립과 브로고로와 니가노르와 디몬과 바메나와 유대교에 입교했던 안디옥 사람 니골라를 택하여 사도들 앞에 세우니 사도들이 기도하고 그들에게 안수하니라 하나님의 말씀이 점점 왕성하여 예루살렘에 있는 제자의 수가 심히 많아지고 허다한 제사장의 무리도 이 도에 복종하니라 스데반이 은혜와 권능이 충만하여 큰 기사와 표적을 민간에 행하니 이른 바 자유민들 즉 구레네인, 알렉산드리아인, 길리기아와 아시아에서 온 사람들의 회당에서 어떤 자들이 일어나 스데반과 더불어 논쟁할새 스데반이 지혜와 성령으로 말함을 그들이 능히 당하지 못하여 … 공회 중에 앉은 사람들이 다 스데반을 주목하여 보니 그 얼굴이 천사의 얼굴과 같더라 대제사장이 이르되 이것이 사실이냐 스데반이 이르되 여러분 부형들이여 들으소서 우리 조상 아브라함이 하란에 있기 전 메소보다미아에 있을 때에 영광의 하나님이 그에게 보여 … 목이 곧고 마음과 귀에 할례를 받지 못한 사람들아 너희도 너희 조상과 같이 항상 성령을 거스르는도다 너희 조상들이 선지자들 중의 누구를 박해하지 아니하였느냐 의인이 오시리라 예고한 자들을 그들이 죽였고 이제 너희는 그 의인을 잡아 준 자요 살인한 자가 되나니 너희는 천사가 전한 율법을 받고도 지키지 아니하였도다 하니라 그들이 이 말을 듣고 마음에 찔려 그를 향하여 이를 갈거늘 스데반이 성령 충만하여 하늘을 우러러 주목하여 하나님의 영광과 및 예수께서 하나님 우편에 서신 것을 보고 말하되 보라 하늘이 열리고 인자가 하나님 우편에 서신 것을 보노라 한대 그들이 큰 소리를 지르며 귀를 막고 일제히 그에게 달려들어 성 밖으로 내치고 돌로 칠새 증인들이 옷을 벗어 사울이라 하는 청년의 발 앞에 두니라 그들이 돌로 스데반을 치니 스데반이 부르짖어 이르되 주 예수여 내 영혼을 받으시옵소서 하고 무릎을 꿇고 크게 불러 이르되 주여 이 죄를 그들에게 돌리지 마옵소서 이 말을 하고 자니라 (행 6:1-10, 15-7:2, 51-60)

제자들의 수가 늘어나기 시작하자 열두 사도는 구제하는 일에 관여

하지 않고 오로지 기도와 말씀 사역에 헌신하기로 결단을 내려야 했습니다. 하나님의 모든 사역자들이 계속해서 기도하고 진리의 말씀을 먹는 것이 얼마나 중요한지요!

여러분이 계속해서 열심히 하나님께서 기록된 말씀을 통해 하시는 말씀을 듣지 않는다면, 하나님 안에서 강해질 수 없습니다. 여러분이 그분의 숨결이 담긴 말씀에 참여하지 않으면, 하나님의 능력과 성품을 알 수 없습니다. 아침저녁으로 기회가 있을 때마다 말씀을 읽으십시오. 식사 후에 무익한 대화에 빠지는 대신 성경 한 장을 읽고 약간의 기도를 하십시오. 저는 제가 어디에 있든지, 또는 누구하고 있든지 간에 이렇게 하려고 노력합니다.

시편 기자는 자신이 하나님께 범죄하지 않기 위해 그분의 말씀을 자기 마음에 두었다고 말했습니다(시 119:11). 여러분도 하나님의 말씀을 마음에 둘수록 거룩한 삶을 사는 것이 더 쉽다는 것을 발견하게 될 것입니다. 또한 그는 하나님의 말씀이 자신에게 생명을 주었다고 증언했습니다(시 119:50). 하나님의 말씀을 받으면, 여러분의 온몸도 생명을 얻게 되어 강하게 될 것입니다. 여러분이 온유함으로 말씀을 받으면(약 1:21), 여러분 안에서 믿음이 샘솟는 것을 발견하게 될 것입니다. 여러분은 말씀을 통해 생명을 갖게 될 것입니다.

당신을 향한 더 좋은 계획

열두 사도는 구제하는 일을 위해 7명의 사람을 따로 세울 것을 제안했습니다. 그들은 평판이 좋고 성령 충만한 사람들이어야 했습니다. 뽑힌 자들은 평범한 사람들이었지만 성령으로 충만했으며, 이 내적인 충만함으로 인해 비범한 사람들이 되었습니다. 교회에서 직분을 받기 위해서 반드시 교양이 있거나 교육을 많이 받아야 되는 것은 아닙니다. 하나님께서 요구하시는 것은 순종하고 거룩하며 구별된 삶입니다. 그리고 주님은 이를 불꽃으로 삼으실 수 있습니다. 그분은 "성령과 불로" 세례를 주실 수 있습니다(마 3:11).

사람들은 구제하는 일을 위해 7명의 사람을 뽑았습니다. 그들은 맡겨진 일에 매우 충실했습니다. 하나님께서는 이들 중 두 사람(빌립과 스데반)에 대해서는 더 좋은 계획을 가지고 계셨습니다. 빌립은 성령이 충만하여 가는 곳마다 부흥을 일으켰습니다(행 8:5-8, 26-40). 사람들은 구제 사역을 위해 그를 뽑았지만, 하나님은 영혼들을 얻기 위해 그를 뽑으셨습니다.

오, 여러분이 가장 낮은 자리에서 믿음으로 충만하면 하나님께서 여러분을 그분의 성령으로 충만케 하시고, 그분을 위한 택한 그릇으로 삼으시며, 여러분을 높여 병자를 고치고 영혼들을 구원하는 강력한 사역의 자리로 인도하십니다. 성령 충만한 사람에게 불가능한 것은 없습니다. 그 가능성은 인간의 모든 이해를 초월하는 것입니다. 여러분이 성령의 능력으로 충만하면, 하나님은 여러분이 가는 곳마다 놀랍게 역사하실 것입니다.

여러분이 성령으로 충만할 때, 하나님의 음성을 알게 될 것입니다. 저는 여러분에게 이것에 대해 설명해드리고 싶습니다. 최근에 호주에 갈 때, 제가 탄 배가 아덴과 봄베이에 정박했습니다. 아덴에서 사람들이 배 근처로 와서 그들의 제품들(아름다운 카펫과 온갖 종류의 물건들)을 팔았습니다. 그 중 타조 깃털을 파는 사람이 있었습니다. 제가 배 너머로 장사하는 모습을 지켜보고 있는데, 한 신사가 저에게 말했습니다. "저와 함께 이 깃털을 사지 않으시겠습니까?" 제가 왜 깃털을 사고 싶었겠습니까? 저에게는 그런 물건이 필요하지 않았으며, 그것을 둘 장소도 없었습니다. 그러나 그 신사는 다시 저에게 물었습니다. "저와 함께 이것을 사지 않으시겠습니까?" 성령께서 저에게 말씀하셨습니다. "그렇게 하라."

깃털 값은 3파운드였습니다. 그 신사는 "저에게 지금 돈이 없는데, 저 대신 물건 값을 내주시면 집사를 보내어 돈을 돌려드리겠습니다"라고 하였습니다. 저는 깃털 값을 지불하고 그 신사에게 물건을 건네주며 "아닙니다. 그 돈을 집사에게 주지 마시고 당신이 직접 저의 객실로 가져오길 바랍니다"라고 말했습니다. 저는 주님께 여쭤보았습니다. "이 깃털은 뭐지요?" 주님은 저에게 그것을 산 특별한 목적이 있다는 것을 보여주셨습니다.

잠시 후 그 신사가 저의 객실로 와서 말했습니다. "돈을 가져왔습니다." 저는 그에게 "제가 원하는 것은 당신의 돈이 아닙니다. 제가 하나님을 대신하여 찾고 있는 것은 당신의 영혼입니다"라고 말했습니다. 바로 그 자리에서 그는 자기의 인생 이야기를 풀어놓았고 하나님을 찾기 시작했습니다. 그날 아침, 그는 울면서 구원을 받았습니다.

우리가 그분의 영으로 충만할 때, 하나님께서 우리를 통해 어떤 일을 하실 수 있는지 우리는 알 수 없습니다. 날마다 순간순간 우리는 하나님의 거룩한 인도하심을 받을 수 있습니다. 성령으로 충만한 것은 모든 면에서 위대합니다. 저는 오랫동안 고통받았던 자들이 성령 충만함을 받을 때 그들의 질병이 모두 사라지는 것을 보았습니다. 그들은 하나님의 성령으로 말미암아 예수님의 생명을 경험하였고, 모든 질병에서 완전히 해방되었습니다.

스데반을 보십시오. 그는 단지 구제사역을 위해 뽑힌 평범한 사람이었습니다. 그러나 성령께서 그 안에 계셨고, 그는 은혜와 권능이 충만했습니다(행 6:8). 그래서 그는 큰 표적과 기사를 민간에 베풀었습니다. "스데반이 지혜와 성령으로 말함을 저희가 능히 당치 못하여"(행 6:10).

> 방언 통역) 하나님의 뜻은 너희가 하나님으로 충만하고, 성령의 권능이 하나님의 강력으로 너희를 채우는 것이니라. 성령으로 충만한 사람에게 하나님이 아끼시는 것은 하나도 없느니라.

저는 여러분에게 이 진리의 중요성을 강조하고 싶습니다. 제가 이 집회에서 여러분에게 제시하는 것은 치유가 아닙니다. 그것은 살아 계신 그리스도입니다. 하나님의 아들이 포로된 자에게 자유를 주시기 위해 오셨다는 사실은 매우 영광스럽습니다(눅 4:18). 그분은 성령과 불로 세례를 주시는 분입니다(마 3:11). 그분은 지금 우리가 보고 듣는 것을 부어주시는 분입니다.

핍박의 축복

성령으로 충만하게 되는 순간부터 핍박이 시작되는 것은 어떻게 된 일일까요? 우리 주 예수님도 그러셨습니다. 성령께서 비둘기처럼 주님께 임하시기 전에는 핍박에 대한 기사가 없습니다. 그런데 성령이 임하시자마자 주님께서 동네에서 복음을 전하실 때 사람들이 그분을 벼랑 끝으로 밀어버리려고 하였습니다(눅 4:16-30). 열두 제자들도 마찬가지입니다. 그들은 오순절 이전에는 핍박을 받지 않았습니다. 그러나 성령 충만함을 받은 후에 그들은 곧 감옥에 갇힙니다.

어떤 사람이 성령 충만하여 성령의 권능으로 어떠한 일들을 하면, 언제나 마귀와 종교 지도자들이 동요할 것입니다. 그럼에도 불구하고 핍박은 교회에게 가장 큰 축복입니다. 핍박을 받으면, 우리는 순결해집니다. 여러분이 성령 충만을 갈망할 때 한 가지 분명히 각오해야 하는 것은 바로 핍박입니다. 주님께서는 분쟁을 일으키기 위해 오셨고(눅 12:51), 심지어 여러분의 집에서도 셋이 둘과 다툴 것입니다(눅 12:52).

주 예수님은 우리에게 평화를 주십니다. 하지만 내면의 평화를 얻자마자 여러분은 핍박을 받습니다. 여러분이 한 자리에 계속 머물러 있으면, 마귀와 그의 졸개들은 여러분을 많이 괴롭히지 않을 것입니다. 그러나 여러분이 전진하고 하나님과 함께 전심전력하면, 원수 마귀는 여러분을 목표로 삼습니다. 그러나 하나님은 모든 것 가운데 여러분을 신원해주실 것입니다.

제가 인도하는 집회에서 주님이 역사하셔서 많은 사람들이 고침을 받았습니다. 한 사람이 일어나는 일들을 보고 "저도 시도해보고 싶습니다"라고 말했습니다. 그는 기도를 받기 위해 일어났고, 자신의 몸 두 곳이 부러졌다고 말했습니다. 저는 주님의 이름으로 그에게 안수한 후 이렇게 말했습니다. "이제 하나님을 믿으십시오."

다음날 밤 집회에 참석한 그는 사자처럼 일어나 말했습니다. "이 사람은 여러분을 속이고 있습니다. 그가 지난밤에 저의 부러진 곳에 안수했지만 조금도 낫지 않았습니다." 저는 그의 말을 중단시키고 말했습니다. "당신은 고침 받았습니다. 문제는 당신이 그것을 믿지 않는다는 것입니다."

그는 다음날 밤에도 집회에 참석했습니다. 간증할 시간이 되자 그 남자가 일어서서 이렇게 말했습니다. "저는 직업이 석공입니다. 오늘 저는 일꾼과 일하면서 커다란 돌을 옮겨야 했습니다. 제가 그를 도와 옮겼는데, 아무런 통증을 느끼지 못했습니다. 저는 '어떻게 이런 일이 있지?'라고 혼자 중얼거렸습니다. 저는 구석으로 가서 옷을 벗은 후 제가 나았다는 것을 알게 되었습니다."

이어서 제가 사람들에게 말했습니다. "지난밤에 이 사람이 하나님의 말씀을 믿지 않는다고 말했는데 이제는 믿습니다. '믿는 자들에게는 이런 표적이 따르리니 … 병든 사람에게 손을 얹은즉 나으리라"(막 16:17-18)는 말씀은 사실입니다. 치유는 그리스도의 이름 안에 있는 권능을 통해 일어납니다." 하나님의 말씀을 계시하시고 이것이 우리에게 영과 생명이 되게 하시는 분은 성령이십니다(요 6:63).

여러분 중에 성령세례 받기를 구하는 분들은 핍박의 자리로 들어가고 있는 것입니다. 여러분의 친구들이 여러분을 떠날 것입니다. 아니 여러분 생각에 친한 친구라고 생각했던 자들이 떠날 것입니다. 그러나 진짜 친한 친구는 결코 여러분을 떠나지 않을 것입니다.

여러분이 구하는 바가 가치가 있다는 것을 확신하십시오. 여러분은 성령의 능력으로 말미암아 조명(illumination)의 영역 곧 계시의 세계로 들어갈 것입니다. 그분은 그리스도의 보혈의 소중함과 능력을 계시하십니다. 저는 성령의 계시로 제 안에 보혈로 씻기지 않은 곳이 하나도 없다는 것을 발견합니다(요일 1:9). 저는 하나님께서 저를 보혈로 거룩하게 하시고, 성령으로 말미암아 그분의 역사와 능력을 나타내신다는 것을 압니다.

성령 안의 삶

스데반은 평범한 사람이었지만, 거룩함으로 옷 입었습니다. 그는 은혜와 권능이 충만했고(행 6:8), 큰 기사와 표적을 행했습니다. 오, 성령 안에서의 삶이여! 깊은 내적 계시가 주어지며, 날마다 새롭게 변화하고, 은혜 가운데 자라가며, 모든 지식 안에서 성령의 능력으로 자라가는 삶이여! 이런 상태에서 그리스도의 생명과 마음이 여러분 안에서 새로워지고, 그분의 강력한 능력의 계시가 계속해서 주어집니다.

주님은 우리로 하여금 온갖 것을 경험하게 하신 후에 그분의 능력을 계시하십니다. 저는 뉴욕에서 복음을 전한 후 루시타니아 호를 타고 영국을 향해 떠났습니다.

저는 승선하자마자 객실로 갔습니다. 그곳에는 두 남자가 있었고, 그 중 한 사람이 말했습니다. "제가 말동무가 되어 드릴까요?" 그는 병을 꺼내더니 위스키를 따라서 마셨습니다. 그리고는 저를 위해 또 한 잔을 따랐습니다. "저는 그런 것에 손을 대지 않습니다"라고 제가 말했습니다. 그러자 그가 "이런 것 없이 어떻게 살 수 있죠?"라고 물었습니다. "어떻게 제가 술과 함께할 수 있을까요?"라고 제가 반문했습니다.

그는 이렇게 하소연했습니다. "저는 수개월간 이 술의 영향을 받으며 살았습니다. 그리고 사람들은 저의 속이 다 쪼그라들었다고 말합니다. 저는 제가 죽어가고 있다는 것을 압니다. 구원을 받으면 좋겠지만, 계속 술을 마셔야 합니다. 제가 구원을 받는다면 얼마나 좋을까요! 저의 아버지가 돌아가시며 저에게 많은 재산을 주셨지만, 무슨 소용이 있겠습니까?"

제가 그에게 말했습니다. "그 말을 하십시오. 그러면 당신은 구원을 받을 것입니다." 그가 물었습니다. "무슨 뜻이죠?" 제가 다시 말했습니다. "당신이 구원받고 싶다고 말하면, 하나님께서 당신을 구원하실 것입니다."

저는 그에게 말했습니다. "가만히 서 계십시오." 그리고 저는 예수의 이름으로 그의 머리에 안수하고 그의 생명을 빼앗아가고 있는 술 귀신을 저주했습니다. 그러자 그가 소리쳤습니다. "저는 자유합니다! 저는 자유해요! 저는 제가 자유하다는 것을 압니다!" 그는 위스키 두 병을 꺼내어 배 밖으로 버렸습니다. 그날 하나님께서 그를 구원하셨고, 그를 술에서 건지셨으며, 치유하셨습니다. 저는 대서양을 건너는 내내 복음을 전했습니다. 그는 식당에서 제 옆자리에 앉았습니다. 이전에는 먹을 수가 없었지만, 이제는 식사 때마다 모든 메뉴를 다 먹었습니다.

하나님의 능력은 오늘날에도 동일합니다. 저에게 그분은 매우 사랑스러우십니다. 저에게 그분은 구원하시는 분입니다. 그분은 계곡의 백합화이십니다. 오, 이 복된 나사렛 사람, 왕의 왕이시여! 할렐루야!

여러분도 그분이 여러분의 뜻을 취하시도록 허락해드리지 않겠습니까? 여러분도 그분이 여러분을 소유하시도록 허락해드리지 않겠습니까? 만일 그렇게 한다면, 그분의 모든 능력을 여러분이 사용하실 수 있습니다.

그럴 만한 가치가 있는 일

스데반과 논쟁하던 자들은 그의 지혜와 성령으로 말함을 능히 당하지 못하였습니다(행 6:10). 격분한 그들은 그를 공회로 데려갔습니다. 그러나 하나님은 그의 얼굴을 천국의 빛으로 채우셨습니다.

성령의 충만함을 받는 것은 어떤 대가를 치르더라도 가치 있는 일입니다. 사도행전 7장에 쓰인 이 거룩한 사람이 말한 강력한 예언적 말씀을 읽어보십시오. 그는 두려움 없이 그들에게 말했습니다. "목이 곧고 마음과 귀에 할례를 받지 못한 사람들아 너희도 너희 조상과 같이 항상 성령을 거스르는도다"(행 7:51). 그의 적들이 이 말을 들었을 때 마음에 찔렸습니다(행 7:54).

마음이 찔릴 때 나타나는 두 가지 반응이 있습니다. 여기서 그들은 그를 보고 이를 갈고 그를 도시에서 쫓아내어 돌로 쳐 죽였습니다. 오순절 날에도 많은 사람들이 마음에 찔림을 받고 소리쳤습니다. "우리가 어찌할꼬?"(행 2:37) 그런데 그들은 반대로 반응했습니다. 마귀가 자기 방식을 취할 수만 있다면, 그는 여러분으로 하여금 살인을 저지르도록 할 것입니다. 그러나 예수님께서 그분의 방법으로 인도하신다면, 여러분은 회개할 것입니다.

성령 충만한 스데반은 천국을 바라보았습니다. 그리고 하나님의 영광과 인자가 하나님의 오른편에 서 계신 것을 보았습니다. 오, 이처럼 성령이 충만하다니요! 그 의미가 얼마나 큰지요! 어느 여름날 저는 60마일 되는 길을 말을 타고 갔습니다. 그때 제가 하늘을 보자 내내 예수님의 환상이 보였습니다. 이런 일은 성령이 계셔야 가능합니다.

스데반은 "주여 이 죄를 저들에게 돌리지 마옵소서"(행 7:60)라고 외쳤습니다. 성령으로 충만한 그는 또한 사랑으로 충만했습니다. 그는 예수님이 갈보리 언덕에서 그러셨던 것처럼 자기 원수들을 향해 동일한 긍휼을 보여주었습니다. 이처럼 성령 충만은 모든 면에서 위대합니다.

그것은 계속해서 충만하고 계속해서 새 생명을 누린다는 것을 의미합니다.

우리에겐 놀라운 복음과 위대한 구세주가 계십니다! 여러분이 성령으로 충만하기만 하면, 여러분 안에서 계속해서 샘물이 솟아오를 것입니다. 그렇습니다. 믿음의 중심을 예수님께 둘 때, 여러분 안에서 생수의 강이 흘러나올 것입니다(요 7:38).

Chapter 22

누구
아픈 사람
있습니까?

"이곳에 아픈 사람이 있습니까?" 저는 병실에 들어갈 때마다 이런 질문을 합니다. 왜 그럴까요? 왜 그런지 설명하기 위해 이야기를 하나 해드리겠습니다.

제 딸아이는 아프리카 선교사입니다. 저는 아프리카와 세계 여러 나라의 선교사들을 돕는 일에 관심이 있습니다. 저는 선교사역을 사랑합니다.

한 중국 선교사가 이런저런 이유로 류머티즘에 걸렸습니다. 저는 류머티즘에 대해 할 말이 없고 단지 그것이 귀신 때문이라고 생각합니다. 류머티즘, 암, 종양, 요통, 신경통 이 모든 것들에 대해 저는 단 한 가지로 설명합니다. 그것은 인간 안에서 역사하는 마귀의 능력입니다. 결핵을 볼 때, 저는 그 안에서 역사하는 귀신의 능력을 봅니다. 이 모든 것들은 제거될 수 있습니다.

예수님이 베드로의 집에 들어가셨을 때, 그의 장모가 아파 누워 있었습니다. 그때 주님께서 어떻게 하셨나요? 그녀에게 담요를 덮어주시고 그녀의 발에 뜨거운 물병을 놓아주셨나요? 주님이 그렇게 하시지 않았다면 왜 그러셨을까요? 왜냐하면 주님은 귀신들에게 뜨거운 지옥불이 준비되어 있다는 것을 아셨기 때문입니다. 주님은 바르게 행하셨습니다. 주님은 열병을 꾸짖으셨고, 그러자 열병이 떠났습니다(눅 4:38-39). 우리도 이런 질병들에 대해 바르게 행해야 합니다.

이 선교사는 인도에서 고향인 벨파스트로 왔습니다. 그런데 하나님의 역사에 대해, 하나님에 대해, 그리고 모든 것에 대해 그녀는 화가 나 있었습니다. 그녀는 완전히 하나님의 계획에서 벗어났습니다.

그녀가 벨파스트에 있는 동안 하나님은 이 선교사가 계단에서 넘어져 등뼈가 탈골되게 하셨습니다. 다른 이들이 그녀를 일으켜 침대에 뉘어야만 했습니다. 하나님께서 그렇게 하셨던 것입니다.

몸에 이상이 생겼을 경우, 하나님을 원망하지 않도록 조심하십시오. 대신 하나님과 바른 관계를 가지십시오.

제가 병자를 방문하는 날에 그녀는 저에게 내려와달라고 부탁했습니다. 제가 그녀의 방에 들어갔을 때, 그녀를 보며 이렇게 소리쳤습니다. "이 방에 누구 아픈 사람이 있습니까?" 아무런 대답이 없었습니다. "이 방에 누구 아픈 사람 있습니까?" 제가 다시 말했습니다. "흠, 저는 누군가가 반응할 때까지 기다릴 것입니다."

곧바로 그녀가 "예, 제가 아픕니다"라고 말했습니다. 제가 말했습니다. "그래요, 이제야 우리가 당신을 찾았군요. 당신은 방안에 있습니다. 하나님의 말씀은 이렇게 말합니다. 즉 당신이 아프면 당신은 기도해야 합니다. 당신이 기도하면, 제가 당신에게 기름을 바르고 당신을 위해 기도해줄 것입니다. 그러나 당신이 먼저 기도해야 합니다."

그녀가 순종하는 데 거의 15분이나 걸렸습니다. 마귀가 그렇게 그녀를 붙들고 있었습니다. 그러나 감사하게도 그녀가 순종했습니다. 그런 뒤에 그녀는 울고 또 울었습니다. 하나님의 능력으로 인해 그녀의 몸이 흔들리며 풀어졌고 그녀는 해방되었습니다. 그녀가 회개했을 때 이런 일이 일어났고, 그 이전에는 아무 일도 일어나지 않았습니다.

만일 이곳에 온 사람들 모두가 회개한다면 어떤 일이 벌어질까요? 축복에 대해 말하십시오! 그러면 영광이 임하고, 여러분은 이곳을 떠날 수 없을 것입니다. 우리는 하나님께서 우리가 복 받기 원하신다는 것을 알아야만 합니다. 그러나 먼저 그분은 우리가 복을 받을 준비를 하기 원하십니다.

믿으라, 그리하면 나으리라

그것을 보는 자마다 나을 수 있도록 모세에게 구리 뱀을 만들어 장대에 걸라고 하신 하나님께서는 이제 "구리 뱀은 장대에 없다. 예수도 십자가에 없다. 그는 부활했으며 모든 능력과 권세를 받았다. 믿으라. 믿으면 너희가 나을 수 있을 것이다"라고 말씀하십니다.

여러분은 문자 그대로 십자가를 볼 수 없습니다. 여러분은 문자 그대로 뱀을 볼 수 없습니다. 그러나 여러분은 믿을 수는 있습니다. 여러분이 믿는다면 나을 수 있습니다. 하나님의 뜻은 여러분이 지금 믿는 것입니다. 하나님의 뜻은 여러분이 지금 도움을 받는 것입니다.

완전한 치유와 부분적 치유

저는 저 위글스워스가 부분적인 치유를 믿지 않는다는 것을 모든 사람들이 알기 원합니다. 그러면 저는 무엇을 믿을까요? 저는 완전한 치유를 믿습니다. 만일 치유가 나타나지 않는다 할지라도 언제나 치유는 거기에 있습니다. 약한 믿음 때문에 치유가 작동하지 않을 뿐입니다. 그러나 치유는 거기에 있습니다. 하나님께서는 이미 치유를 주셨습니다. 제가 이것을 어떻게 아냐고요? "병든 사람에게 손을 얹은즉 나으리라"(막 16:18). 이 말씀은 누구의 것입니까? 이것은 하나님의 말씀입니다. 그러므로 저는 오늘 이 말씀을 믿습니다. 할렐루야! 말씀을 반복하기만 해도 믿음이 더 생깁니다.

방언 통역) 너희는 하나님께서, 즉 주께서 마귀를 쫓아내기 위해 오셨는데 왜 의심하느냐? 이는 너희로 하여금 너희가 예수의 보혈로 모든 것에서 해방되었음을 알게 하려 함이니라.

우리는 위대한 곳에 와 있습니다. 주님께서 우리 가운데 계십니다. 여러분은 오늘 자유를 얻어 가시게 될 것입니다.

환상을 본 여인

저는 "우리의 연약한 것을 친히 담당하시고 병을 짊어지셨도다"(마 8:17)라는 말씀을 좋아합니다.

여러분에게 놀라운 이야기를 해주고 싶습니다. 어느 날 저는 아일랜드 벨파스트의 샨클린 로드에 서 있었습니다. 저는 손에 종이 한 장을 들고 찾아가야 할 주소를 찾고 있었습니다. 그때 한 남자가 저에게 와서 말했습니다. "병자를 방문하려고 하십니까?" 제가 "예"라고 말했습니다. 그러자 그가 근처에 있는 한 집을 가리키며 "저리로 가십시오"라고 말했습니다.

저는 그 집으로 가서 문을 두드렸습니다. 그런데 아무런 대답이 없었습니다. 저는 다시 두드렸습니다. 그러자 안에서 소리가 났습니다. "들어오시오!" 그러자 한 젊은이가 저에게 2층으로 올라가라고 손짓하였습니다.

제가 올라가자 문이 활짝 열려 있었습니다. 그래서 저는 곧바로 안으로 걸어 들어갔습니다. 그곳에는 한 여인이 침대에 앉아 있었습니다. 제가 그녀를 보았을 때, 그녀가 말을 할 수 없다는 것을 알았습니다. 그래서 저는 기도하기 시작했습니다. 그녀는 앞뒤로 몸을 흔들더니 숨을

헐떡였습니다.

제가 기도했을 때 주님께서 저에게 말씀하셨습니다. 성령께서 분명하게 말씀하셨습니다. "이사야 53장을 읽으라." 그래서 저는 성경을 펴서 읽기 시작했습니다.

> 우리가 전한 것을 누가 믿었느냐 여호와의 팔이 누구에게 나타났느냐 그는 주 앞에서 자라나기를 연한 순 같고 마른 땅에서 나온 뿌리 같아서 고운 모양도 없고 풍채도 없은즉 우리가 보기에 흠모할 만한 아름다운 것이 없도다 (사 53:1-2)

이어서 5절을 읽었습니다. "그가 찔림은 우리의 허물 때문이요 그가 상함은 우리의 죄악 때문이라 그가 징계를 받으므로 우리는 평화를 누리고 그가 채찍에 맞으므로 우리는 나음을 받았도다." 그러자 그 여인이 소리쳤습니다. "제가 나았어요."

"오! 무슨 일이 일어났는지 말씀해주십시오"라고 제가 말했습니다.

"2주 전에 제가 집을 청소하고 있었습니다"라고 그녀가 말했습니다. "가구를 옮기는 중에 심장을 다쳤습니다. 심장이 제자리에서 벗어난 것입니다. 저를 검진한 의사들은 제가 질식해서 죽을 것이라고 했습니다. 그런데 지난밤 한밤중에 저는 당신이 제 방으로 들어오는 것을 보았습니다. 당신은 제가 말을 할 수 없다는 것을 알고 기도하기 시작했습니다. 그런 다음 이사야서 53장을 펴더니 읽었습니다. 그리고 당신이 5절을 읽을 때 제가 완전히 나았습니다. 그것은 환상이었는데 이제는 사실이 되었습니다."

저는 하나님의 말씀이 여전히 진리임을 압니다.

방언 통역) 너희의 손을 펼지어다. 이는 주 하나님께서 너희와 매우 가까이 계시기 때문이라. 그분은 너희를 취하여 그분의 영광의 행각에 두실 것이기에 너희가 더 이상 벗어나지 않고 하나님의 뜻에 머물면 그분께서 너희의 소원을 이루시리라.

이것은 주님이 주신 말씀입니다. 여러분은 결코 주님이 주신 것보다 더 분명한 것을 얻지 못할 것입니다. 사람들은 이곳저곳으로 옮겨 다니기 때문에 가장 위대한 치유를 놓칩니다. 가만히 계십시오. 하나님은 여러분이 말씀을 받고, 말씀을 주장하며, 그것을 믿길 원하십니다. 그것이 바로 완벽한 치유의 방법입니다. 좌로나 우로나 치우치지 마시고 (신 5:32), 하나님을 믿으십시오.

하나님의 임재가 고치신다

저는 이 자리에 참석한 사람들이 안수를 받지 않고도 질병에서 나음을 입어야 한다고 믿습니다. 저는 주께서 우리를 방문하시는 날이 점점 더 많아지는 것을 보고, 또한 주의 임재가 이 자리에서 병을 고치신다는 것을 압니다. 제가 말하는 동안 이 집회에 참석한 사람들이 성령의 기름부음 가운데 고침을 받을 것입니다.

저는 지금까지 믿음에 대해 설교했습니다. 이는 여러분이 분명히 여러분의 치유를 주장하도록 하기 위함입니다. 여러분이 하나님의 말씀을 듣고 믿어야겠다고 감동을 받거나 제가 기도하는 동안에 일어서면 하나님의 치유의 능력이 여러분을 질병으로부터 자유케 하실 것입니다.

> **방언 통역)** 하나님은 깊음 가운데 오셔서 움직이시며 마음 안에서 역사하시기를 주의 성령이 완벽한 선택을 하시며 영원히 그분께 영광이 되는 것을 드러내실 때까지 하실 것이라. 주께서 그 가운데 계시도다. 묶인 자들은 포로 상태에서 자유케 되도다.

하나님은 여러분이 살아 있는 믿음을 갖길 원하십니다. 그분은 여러분이 생명의 터치를 받고 모든 약한 것들의 기초를 흔들길 원하십니다. 여러분이 믿는 순간에 구원을 받고 고침을 받게 될 것입니다.

기도)
아버지, 이 사람들을 취하여 주님께 올려드립니다. 그리고 주님께서 이들이 떨어지지 않도록, 악한 자의 길에서 그들을 지켜주시고 모든 악에서 구원해 주시도록 그들을 당신의 은혜롭고 영광스러운 손길에 맡깁니다. 주님의 자비가 그들의 가정, 몸, 그리고 모든 일에 함께하옵소서. 아멘.

Chapter 23

네가 낫고자 하느냐?

저는 하나님의 말씀이 너무나 강력해서 모든 인생을 변화시킬 수 있다고 믿습니다. 하나님의 말씀에는 없는 것을 있게 하는 능력이 있습니다. 그분의 입에서 나오는 말씀에는 능력이 있습니다. 시편 기자는 우리에게 "그가 그의 말씀을 보내어 그들을 고치시고"(시 107:20)라고 말합니다. 여러분은 하나님의 말씀의 능력이 약해졌다고 생각하십니까? 여러분에게 분명히 말씀드리지만, 결코 그렇지 않습니다. 하나님의 말씀은 과거처럼 오늘날에도 모든 것을 이룰 수 있습니다.

시편 기자는 "고난 당하기 전에는 내가 그릇 행하였더니 이제는 주의 말씀을 지키나이다"(시 119:67)라고 말했습니다. 그리고 그는 다시 "고난 당한 것이 내게 유익이라 이로 말미암아 내가 주의 율례들을 배우게 되었나이다"(시 119:71)라고 말했습니다.

고난을 통해 우리가 "떡으로만 살 것이 아니요 하나님의 입으로부터 나오는 모든 말씀으로"(마 4:4) 사는 자리에 서게 된다면, 고난은 복된 목적을 이룰 것입니다. 저는 여러분이 순결한 삶, 그분이 하신 말씀을 통해 깨끗해진 삶이 있다는 것을 깨닫게 되길 원합니다. 이런 삶을 살면, 여러분은 믿음을 통해 병이 없는 몸과 사탄의 묶임에서 해방된 영을 가지고 하나님을 영화롭게 할 수 있습니다.

베데스다 연못에는 수많은 병자들(소경, 앉은뱅이, 마비환자 등)이 누워 있었고, 그들은 물이 동하길 기다렸습니다(요 5:2-4). 예수님께서는 그들 모두를 고쳐주셨나요? 아닙니다. 그분은 그 연못에 있는 많은 사람들을 고쳐주지 않은 채 그냥 두셨습니다. 많은 사람들이 그들의 눈을 연못에 고정시켰지 예수님께 고정시키지 않았음이 분명합니다. 많은 사람들이 눈에 보이는 것을 신뢰합니다. 그들이 그들의 눈을 자연의 것이 아닌 하나님께 돌렸다면 얼마나 빨리 도움을 얻게 될까요?

병 고침의 떡

다음과 같은 질문이 떠오릅니다. 구원과 병 고침은 모든 사람을 위한 것일까요? 앞으로 나아가 자신의 분깃을 주장하는 사람마다 이를 얻을 것입니다. 주님께서 자신의 딸에게서 귀신을 쫓아주시길 원했던 수로보니게 여인을 기억하십니까? 예수님께서는 그녀에게 다음과 같이 말씀하셨습니다. "자녀로 먼저 배불리 먹게 할지니 자녀의 떡을 취하여 개들에게 던짐이 마땅치 아니하니라"(막 7:27). 주님께서 치유와 축사를 "자녀의 떡"이라고 말씀하신 것에 주의하십시오. 여러분이 하나님의 자녀라면, 여러분은 분명히 여러분의 분깃을 주장할 수 있습니다.

수로보니게 여인의 목적은 주님에게서 그녀가 구하는 것을 얻는 것이었습니다. 그래서 그녀는 "주여 옳소이다마는 상 아래 개들도 아이들의 먹던 부스러기를 먹나이다"(막 7:28)라고 말했습니다. 예수님은 이 여인의 믿음을 보시고 감동을 받으셔서 그녀에게 "이 말을 하였으니 돌아가라 귀신이 네 딸에게서 나갔느니라"고 말씀하셨습니다(막 7:29).

오늘날 수많은 하나님의 자녀들이 그리스도 안에서 피로 값 주고 산 그들의 건강의 분깃을 거절하고 있습니다. 반면에 죄인들은 상 아래에 떨어지는 부스러기를 주워 먹으며, 그들의 몸뿐만 아니라 영과 혼의 치료책을 발견하고 있습니다. 수로보니게 여인이 집에 갔을 때 정말로 귀신이 딸에게서 나갔다는 것을 알았습니다. 오늘날 그분의 강력한 말씀을 통해 하나님의 모든 자녀들에게 주시는 떡이 있습니다. 거기에는 생명과 건강이 있습니다.

말씀은 모든 질병을 여러분의 몸에서 추방할 수 있습니다. 치유는 그리스도 안에서 여러분의 몫입니다. 그리스도는 우리의 떡이며, 생명이고, 건강이며, 우리의 모든 것 되십니다. 비록 죄에 깊이 빠져 있을지라도 여러분은 회개하고 그분께 올 수 있습니다. 그러면 그분은 여러분을 용서하시고, 깨끗하게 하시고 고쳐주실 것입니다. 그분의 말씀은 그것을 받는 자들에게 영이요 생명입니다(요 6:63).

요엘서 마지막 절에 다음과 같은 약속이 있습니다. "내가 씻어 주지 아니한 그들의 피를 씻어 주리라"(욜 3:21, KJV). 이는 그분께서 우리 안에 새 생명을 주시겠다는 말입니다. 하나님의 아들, 예수 그리스도의 생명은 사람들의 마음과 생각을 정화시킬 수 있어서 그들의 영, 혼, 육은 온전히 변화될 것입니다.

병자들이 베데스다 연못가에 있었습니다. 그리고 한 사람이 그곳에 오랫동안 있었습니다. 그의 병은 38년이나 되었습니다. 때때로 천사가 물을 동하면 병이 나을 기회가 생겼지만, 다른 사람이 먼저 들어가 병이 낫는 것을 볼 때마다 그의 마음이 아팠을 것입니다.

그러던 어느 날 예수님이 그 길을 지나시던 중 그가 누워 있는 것을 보시고 물으셨습니다. "네가 낫고자 하느냐?"(요 5:6) 그 말씀은 영원에서 영원으로 계속됩니다. 이 말씀은 오늘날에도 여러분에게 해당되며, 이미 시도되고 확인된 것입니다. 여러분도 불쌍한 병자처럼 "저는 지금까지 모든 기회를 놓쳤습니다"라고 말할지 모르겠습니다. 그러나 이제 그런 말은 절대로 마음에 두지 마십시오.

이것이 주님의 뜻인가?

저는 오랫동안 병으로 고생하는 한 여인을 방문했습니다. 그녀는 류머티즘으로 인해 온몸이 꼬였고 2년째 침상에 있었습니다. 제가 그녀에게 "당신은 무엇 때문에 여기에 누워 있습니까?"라고 물었습니다. 그녀는 "저는 제가 육체의 가시를 가지고 있는 것으로 결론을 내렸습니다"라고 말했습니다. 저는 그녀에게 "당신이 얼마나 의롭기에 육체의 가시를 가져야만 합니까? 당신이 계시를 받은 것이 너무 커서 자고하지 않게 하시려고 말인가요?"라고 말했습니다(고후 12:7–9).

그녀가 말했습니다. "저는 저에게 병을 주신 분이 주님이라고 믿습니다." 이에 제가 말했습니다. "당신은 당신이 아픈 것이 주님의 뜻이라고 믿는군요. 그런데 가능한 한 빨리 이 병에서 벗어나려고 노력하고 계시군요. 이곳에 약병들이 즐비하네요. 어서 당신이 숨어 있는 곳에서 나와서 죄인임을 고백하십시오. 당신이 자기 의(義)를 버리면 하나님께서 당신을 위해 무언가를 행하실 것입니다. 당신이 너무 거룩해서 하나님께서 당신에게 고통을 줘야만 하신다는 생각을 버리십시오. 당신의 병의 원인은 의가 아니라 죄입니다. 죄가 질병의 원인이지 의가 아닙니다."

그리스도의 보혈과 축사로 모든 포로 된 자들이 나음을 입습니다. 하나님은 결코 그분의 자녀들이 마귀에게서 비롯된 질병으로 인해 불행하게 살도록 의도하지 않으셨습니다. 갈보리에서 완전한 구속이 이뤄졌습니다. 저는 예수님께서 저의 죄를 지셨기 때문에 제가 모든 것에서 자유롭다고 믿습니다. 믿기만 하면 저는 모든 것에서 의롭다 함을 받습니다(행 13:39). "우리 연약한 것을 친히 담당하시고 병을 짊어지셨도다"(마 8:17). 그러므로 우리가 믿는다면 나음을 입을 수 있습니다.

연못가에 있는 이 무기력한 사람을 보십시오. 예수님은 그에게 "네가 낫고자 하느냐?"(요 5:6)라고 물으십니다. 그러나 한 가지 문제가 있었습니다. 그 남자는 한 눈은 연못에, 다른 한 눈은 예수님께 두었습니다.

만일 여러분이 오직 그리스도만을 바라보고 양쪽 눈을 그분께 고정한다면, 여러분은 모든 면에서, 즉 영, 혼, 육에 있어서 온전하게 될 수 있습니다. 믿는 자를 의롭다 하시고 모든 것에서 자유케 하시는 것은 살아 계신 하나님의 약속입니다(행 13:39). "그러므로 아들이 너희를 자유롭게 하면 너희가 참으로 자유로우리라"(요 8:36).

많은 사람들이 "내가 믿을 수만 있다면 얼마나 좋을까!"라고 말합니다. 예수님은 이를 아십니다. 그분은 이 무기력한 남자가 이런 상태로 오랫동안 있었다는 것을 아셨습니다. 그분은 긍휼이 풍성하십니다. 그분은 신장의 문제를 아십니다. 그분은 티눈을 아십니다. 그분은 신경통을 아십니다. 그분이 모르시는 것은 하나도 없습니다. 그분은 자신이 여러분에게 자비로우시며 은혜로우시다는 것을 보여주기를 원하십니다. 또한 그분은 여러분이 그분을 믿도록 격려하길 원하십니다.

믿을 수만 있다면, 여러분은 구원을 받고 치유될 수 있습니다. 예수님께서 찔리심은 우리의 허물 때문이요, 그분이 상함은 우리의 죄악 때문이며, 그분이 징계를 받으므로 우리가 평화를 누리고, 그분이 채찍에 맞으므로 우리가 나음을 받았다는 것을 믿으십시오(사 53:5). 여러분이 실패한 것은 그분을 믿지 않았기 때문입니다. 지금이라도 그분께 "내가 믿나이다 나의 믿음 없는 것을 도와 주소서"(막 9:24)라고 부르짖으십시오!

어느 날 친구와 함께 캘리포니아의 롱비치에 있는 한 호텔을 지나던 중 친구가 저에게 다리가 병든 의사에 대해 이야기했습니다. 그는 6년 동안 고통을 받았으며, 자유롭게 다닐 수가 없었습니다. 우리는 그의 방으로 올라갔는데 의사 네 명이 그곳에 있었습니다. 저는 "의사 선생님, 지금 바쁘시군요. 다른 날 다시 오겠습니다"라고 말했습니다.

다른 날 그곳을 지나는데 성령께서 말씀하셨습니다. "지금 올라가서 그를 만나라." 불쌍한 의사 선생! 그는 정말 몰골이 말이 아니었습니다. 그가 말했습니다. "저는 이런 상태로 6년을 보냈습니다. 그런데 아무도 저를 도와줄 수 없습니다." 제가 말했습니다. "당신에게는 전능하신 하나님이 필요합니다."

사람들은 그들의 삶을 일시적으로 수습하려고 합니다만, 하나님 없이는 아무것도 할 수 없습니다. 저는 그에게 주님에 대해 이야기한 후 그를 위해 기도했습니다. 저는 "예수의 이름으로 그에게서 나올지어다!"라고 외쳤습니다. 그러자 그 의사가 외쳤습니다. "모두 떠났어요!"

오, 우리가 예수님을 알기만 한다면 얼마나 좋을까요! 그분의 능력이 한 번만 만져주셔도 모든 굽어진 것이 펴집니다. 문제는 사람들로 하여금 그분을 믿도록 만드는 것입니다. 이처럼 구원의 단순성은 매우 놀랍습니다. 온전함이 여러분의 것이 되는 데 필요한 것은 단지 그분을 믿는 살아 있는 믿음의 터치를 한 번 받는 것입니다.

6주 후에 다시 롱비치로 갔는데, 수많은 병자들이 기도를 받으러 왔습니다. 복도를 가득 메운 사람들 중 그 의사도 있었습니다. 제가 그에게 말했습니다. "뭐가 문제인가요?" 그가 말했습니다. "당뇨병이요. 하지만 오늘밤에 나을 겁니다. 저는 나을 것을 알고 있습니다." 주님께서는 여러분의 요구를 들어주시지 못할 것이 없습니다. 거기에는 '만일 ~일지도 몰라'와 같은 것이 없습니다. 그분의 약속은 언제나 반드시 이뤄집니다. "믿는 자에게는 능히 하지 못할 일이 없느니라"(막 9:23). 오, 예수의 이름이여! 그 이름에는 모든 인간의 필요를 채워줄 능력이 있습니다.

그 집회에서 한 노인이 자기 아들을 강단으로 올려 보내며 이렇게 말했습니다. "제 아들이 발작을 합니다. 하루에도 여러 번 하죠." 그 뒤에는 암에 걸린 여인이 있었습니다. 하나님께서 이스라엘 백성을 애굽에서 데리고 나오실 때 그 중에 비틀거리는 자가 하나도 없었습니다(시 105:37). 질병이 하나도 없었습니다! 모든 사람이 하나님의 능력으로 고침을 받은 것입니다! 저는 하나님께서 오늘날에도 사람들이 이렇게 되길 원하신다고 믿습니다.

저는 그 여성 암환자를 위해 기도했습니다. 그러자 그녀가 말했습니다. "저는 제가 자유케 되었다는 것과 하나님께서 저를 구원하셨다는 것을 압니다." 이어서 사람들이 발작 증세가 있는 소년을 데려왔습니다. 저는 예수의 이름으로 악한 영들이 떠나도록 명령했습니다. 그 다음에는 그 의사를 위해 기도했습니다.

다음날 저녁에는 집회 장소가 만원이었습니다. 제가 소리쳤습니다. "의사 선생님, 당뇨병은 어떻게 되었습니까?" 그가 말했습니다. "사라졌습니다." 다음으로 저는 그 노인에게 물었습니다. "당신의 아들은 어떻게 되었습니까?" 그가 말했습니다. "그날 이후로 아들은 한 번도 발작을 하지 않았습니다." 우리에게는 기도에 응답하시는 하나님이 계십니다.

죄와 질병

예수님은 연못가에 있는 이 사람이 영원한 증거가 되길 원하셨습니다. 그가 두 눈을 예수님께 고정시켰을 때, 주님은 그에게 불가능한 일을 요청하셨습니다. "일어나 네 자리를 들고 걸어가라"(요 5:8). 또 한번은 예수님께서 손 마른 자에게 불가능한 일을 하도록 청하셨습니다. 그것은 그의 손을 내미는 것이었습니다. 그 사람은 불가능한 일을 했습니다. 그가 손을 내밀자 완전히 나음을 입었습니다(마 12:10-13).

마찬가지로 이 무기력한 사람이 일어나기 시작했습니다. 그러자 그는 하나님의 능력이 자기 안에서 역사하는 것을 발견했습니다. 그는 자기 침상을 싸서 걸어가기 시작했습니다. 그날은 안식일이었습니다. 사람들은 주님에 대해 생각하기보다는 그날이 안식일이었다는 것에 흥분하여 야단스럽게 떠들어댔습니다. 하나님의 능력이 나타나면 언제나 위선자들은 반대를 합니다. 예수님은 이 남자가 겪게 될 일이 무엇인지 다 알고 계셨고, 나중에 다시 그를 만나셨습니다. 이번에 주님은 그에게 이렇게 말씀하셨습니다. "보라 네가 나았으니 더 심한 것이 생기지 않게 다시는 죄를 범하지 말라"(요 5:14).

죄와 질병 사이에는 밀접한 관계가 있습니다. 자신들의 질병이 죄의 직접적인 결과라는 것을 아는 사람이 얼마나 될까요? 저는 어느 누구도 죄 가운데 살면서 기도를 받으러 나오지 않기를 바랍니다. 여러분이 하나님께 순종하고 죄를 회개하고 멈추면, 하나님께서 여러분을 만나주실 것입니다. 그리고 질병이나 죄가 더 이상 남아 있지 못할 것입니다. "믿음의 기도는 병든 자를 구원하리니 주께서 그를 일으키시리라 혹시 죄를 범하였을지라도 사하심을 받으리라"(약 5:15).

믿음은 주님께서 오시는 열린 문에 불과합니다. "저는 믿음으로 구원받았습니다" 혹은 "저는 믿음으로 나음을 입었습니다"라고 말하지 마십시오. 믿음은 구원하지도, 치유하지도 않습니다. 그 열린 문을 통해 하나님이 구원하시고 치유하십니다. 여러분이 믿으면, 그리스도의 능력이 임힙니다. 구원과 치유는 하나님의 영광을 위한 것입니다.

제가 지금 이 자리에 서 있는 것은 하나님께서 제가 죽어가고 있을 때 고쳐주셨기 때문입니다. 그래서 저는 전 세계를 돌아다니며 이 충만한 구속을 전파하고 있습니다. 그리고 저를 고쳐주신 분의 놀라운 이름에 영광을 돌리기 위해 제가 할 수 있는 모든 일을 하고 있습니다.

"더 심한 것이 생기지 않게 다시는 죄를 범하지 말라"(요 5:14). 주님은 귀신이 나간 사람에 대해 말씀하셨습니다. 악한 영이 떠난 그 집은 청소되고 정리가 되었지만, 새로운 거주자를 받아들이지 않았습니다. 그러자 악한 영은 자기보다 더 악한 영 일곱과 함께 다시 그 주인 없는 집으로 왔습니다. 그러자 그 사람의 나중 형편이 전보다 더욱 심하게 되었습니다(마 12:45).

주님께서 여러분을 고쳐주신 것은 여러분이 야구 경기나 경마를 보러가도록 하기 위해서가 아닙니다. 주님은 그분의 영광을 위해 여러분을 고쳐주셨고, 이는 고침을 받은 순간부터 여러분의 삶을 통해 그분께 영광을 돌리게 하시기 위함입니다. 그러나 이 사람은 가만히 있었습니다. 그는 하나님을 높이지 않았습니다. 그는 성령 충만을 구하지 않았습니다. 결국 그의 나중 형편이 전보다 더욱 심하게 되었습니다.

주님은 오직 한 가지, 즉 그분의 영광만을 추구하도록 우리 마음의 동기와 갈망을 정결하게 하십니다. 제가 어느 날 한 집을 방문했는데 주님께서 이렇게 말씀하셨습니다. "이는 내 영광을 위함이니라." 한 젊은이가 오랫동안 아팠습니다. 그는 정말 절망적인 상태에서 침상에 갇혀 있었습니다. 그는 한 숟갈 정도의 식사만 했고, 옷을 제대로 입어본 적이 없었습니다. 날씨가 습해서 저는 그 집에 있는 사람들에게 말했습니다. "여러분이 이 젊은이의 옷을 난로에다 말렸으면 좋겠습니다." 처음에 그들은 내 요청에 꿈쩍도 하지 않았습니다. 그러나 제가 계속 요청하자 마침내 그들은 그 청년의 옷을 꺼냈습니다. 그들이 옷을 말리자 저는 그 옷을 가지고 그의 방으로 갔습니다.

주님께서 저에게 말씀하셨습니다. "이제 너는 아무것도 할 필요가 없다." 그래서 저는 단지 바닥에 엎드렸습니다. 주님께서는 저에게 그곳을 그분의 영광으로 흔드시겠다는 것을 보여주셨습니다. 잠시 후 그의 침대가 흔들렸습니다. 저는 예수의 이름으로 그 젊은이에게 안수했습니다. 그러자 능력이 임했습니다.

약 15분 정도 후에 그 젊은이는 자리에서 일어나 이리저리 걸어다니며 하나님께 영광을 돌렸습니다. 그는 옷을 차려 입고는 밖으로 나가 부모님이 있는 곳으로 가서 이렇게 말했습니다. "하나님께서 저를 고쳐주셨어요." 하나님의 능력이 그 방에 강하게 임하자 그의 아버지와 어머니가 바닥에 엎어졌습니다.

그 집에 한 여인이 있었는데, 그녀는 정신병으로 병원에 입원한 적이 있었습니다. 그녀의 상태가 너무 나빠서 그들은 다시 그녀를 병원으로 데려가려던 참이었습니다. 그런데 하나님의 능력이 그녀를 고치셨습니다.

하나님의 능력은 어제나 오늘이나 동일합니다. 사람들은 옛길을, 과거의 믿음을 다시 밟아야 합니다. 즉 우리는 하나님의 말씀을 믿고 "여호와께서 가라사대"라고 하신 모든 말씀을 믿어야 합니다. 주의 성령은 오늘날에도 역사하고 계십니다. 하나님은 지금도 나타나고 계십니다. 여러분이 이 떠오르는 파도를 타길 원하신다면, 하나님이 말씀하신 모든 것을 받아들여만 합니다.

"네가 낫고자 하느냐?"(요 5:6) 이 질문을 하시는 분은 예수님이십니다. 그분께 응답하십시오. 그분이 들으시고 역사하실 것입니다.

Chapter 24

생명의 말씀

아나니아라 하는 사람이 그의 아내 삽비라와 더불어 소유를 팔아 그 값에서 얼마를 감추매 그 아내도 알더라 얼마만 가져다가 사도들의 발 앞에 두니 베드로가 이르되 아나니아야 어찌하여 사탄이 네 마음에 가득하여 네가 성령을 속이고 땅 값 얼마를 감추었느냐 땅이 그대로 있을 때에는 네 땅이 아니며 판 후에도 네 마음대로 할 수가 없더냐 어찌하여 이 일을 네 마음에 두었느냐 사람에게 거짓말한 것이 아니요 하나님께로다 아나니아가 이 말을 듣고 엎드러져 혼이 떠나니 이 일을 듣는 사람이 다 크게 두려워하더라 젊은 사람들이 일어나 시신을 싸서 메고 나가 장사하니라 세 시간쯤 지나 그의 아내가 그 일어난 일을 알지 못하고 들어오니 베드로가 이르되 그 땅 판 값이 이것뿐이냐 내게 말하라 하니 이르되 예 이것뿐이라 하더라 베드로가 이르되 너희가 어찌 함께 꾀하여 주의 영을 시험하려

하느냐 보라 네 남편을 장사하고 오는 사람들의 발이 문 앞에 이르렀으니 또 너를 메어 내가리라 하니 곧 그가 베드로의 발 앞에 엎드러져 혼이 떠나는지라 젊은 사람들이 들어와 죽은 것을 보고 메어다가 그의 남편 곁에 장사하니 온 교회와 이 일을 듣는 사람들이 다 크게 두려워하니라 사도들의 손을 통하여 민간에 표적과 기사가 많이 일어나매 믿는 사람이 다 마음을 같이하여 솔로몬 행각에 모이고 그 나머지는 감히 그들과 상종하는 사람이 없으나 백성이 칭송하더라 믿고 주께로 나아오는 자가 더 많으니 남녀의 큰 무리더라 심지어 병든 사람을 메고 거리에 나가 침대와 요 위에 누이고 베드로가 지날 때에 혹 그의 그림자라도 누구에게 덮일까 바라고 예루살렘 부근의 수많은 사람들도 모여 병든 사람과 더러운 귀신에게 괴로움 받는 사람을 데리고 와서 다 나음을 얻으니라 대제사장들과 그와 함께 있는 사람 즉 사두개인의 당파가 다 마음에 시기가 가득하여 일어나서 사도들을 잡아다가 옥에 가두었더니 주의 사자가 밤에 옥문을 열고 끌어내어 이르되 가서 성전에 서서 이 생명의 말씀을 다 백성에게 말하라 하매 (행 5:1-20)

주님께서 복음의 메시지를 "이 생명의 말씀"(행 5:21)이라고 표현하신 것에 주의하십시오. 이것은 가장 놀라운 최고의 생명으로서 하나님의 아들을 믿는 믿음의 생명입니다. 이것은 하나님이 항상 함께하시는 삶입니다. 그분은 편재하시고 우리 안에 계십니다. 이것은 하나님의 성령이 계시하시고 나타나시는 삶이요, 주님께서 지속적으로 보이고 들리고 느껴지는 삶입니다. 그것은 죽음이 없는 삶입니다. 왜냐하면 우리가 사망에서 생명으로 옮겨 갔기 때문입니다"(요일 3:14).

하나님의 생명이 우리 안에 오셨습니다. 그 생명이 충만한 곳에서 질병은 존재할 수 없습니다. 이 놀라운 생명에 무엇이 있는지 말하려면 한 달은 걸릴 것입니다. 모든 사람이 이 생명에 들어갈 수 있으며, 이 생명을 소유하고, 이 생명에 소유당할 수 있습니다.

여러분이 이 생명과 가까이 있으면서도 이것을 놓칠 수 있습니다. 여러분이 하나님이 그분의 성령을 부어주시는 곳에 있으면서도 하나님이 그렇게 주시고자 하는 그 축복을 놓칠 수 있습니다. 이것은 하나님의 무한하신 은혜와 "모든 은혜의 하나님"(벧전 5:10)에 대한 계시가 부족하고, 이에 대해 오해했기 때문에 그렇습니다.

주님은 믿음의 손을 내미는 모든 자에게 기꺼이 주시고자 하는 분입니다. 그분이 거저 주시는 이 생명은 선물입니다. 어떤 사람들은 그들이 이것을 얻을 수 있다고 생각하기에 모든 것을 놓칩니다. 하나님께서 넘치도록 풍성하게 주시는 모든 것을 받으려면 단순한 믿음만 있으면 됩니다! 위로부터 임하는 이 생명을 받은 날부터 여러분은 결코 평범할 수 없습니다. 여러분은 비범하게 되고, 비범하신 우리 하나님의 비범한 능력으로 충만해집니다.

왜 아나니아와 삽비라가 죽었는가?

아나니아와 삽비라는 하나님이 초대 교회에 주신 놀라운 부흥 가운데 있었습니다. 그러나 그들은 그것을 놓쳤습니다. 그들은 혹시나 일이 잘못될 수 있다고 생각했습니다. 그들은 일이 잘못될 경우를 대비해 자신들을 위해 예비비를 갖고 싶어 했습니다.

오늘날에도 이러한 자들이 많이 있습니다. 많은 사람들이 인생의 위기 때에는 하나님께 맹세하지만, 그들의 맹세를 지키지 못하여 결국 영적으로 파산하고 맙니다. 그의 마음에 서원한 것은 해로울지라도 변하지 아니하는(시 15:4) 자는 복이 있습니다. 그는 자신이 하나님께 한 서원을 지키며, 하나님의 발 앞에 자신의 모든 것을 기꺼이 내려놓습니다. 하나님은 "(그의) 뼈를 견고하게"(사 58:11) 하겠다고 약속하셨습니다. 그런 자에게는 마른 곳이 없습니다. 그는 언제나 진액이 풍족하고 빛이 청청합니다(시 92:14). 그리고 그는 점점 더 강해집니다. 모든 것을 가지고 하나님을 신뢰하고 아무것도 아끼지 않으면 보상을 받습니다.

저는 우리 하나님이 얼마나 위대하신 분인지 여러분이 알았으면 좋겠습니다. 아나니아와 삽비라는 하나님을 의심했고, 그분이 시작하신 이 역사가 계속될지에 대해 의문을 품었습니다. 그들은 그들의 재산을 팔아서 약간의 영광을 얻으려 했지만, 믿음이 부족하여 하나님이 실패할 경우에 대비하여 그 중 일부를 따로 떼어놓았습니다.

많은 사람들이 이 오순절 부흥이 계속될지 의심하고 있습니다. 여러분은 이 오순절 부흥의 역사가 멈출 것이라고 생각합니까? 결코 그렇지 않습니다. 15년 동안 저는 계속적으로 부흥을 맛보고 있습니다. 그리고 저는 이것이 결코 멈추지 않을 것이라고 확신합니다.

조지 스티븐슨이 처음으로 기차를 만들었을 때, 그는 여동생 메리에게 그것을 보여주었습니다. 그녀는 기차를 보더니 오빠에게 이렇게 말했습니다. "오빠, 이 기차는 절대 움직이지 못할 거야." 그러자 그가 그녀에게 말했습니다. "타봐, 메리." 그녀가 다시 말했습니다. "이 기차는 절대 움직이지 않을 거야." 그가 다시 그녀에게 말했습니다. "타봐. 우리가 알아보자." 마침내 메리가 타자 기차는 기적을 울리고 칙칙폭폭 소리를 내며 움직이기 시작했습니다. 그러자 메리가 소리쳤습니다. "기차가 절대 멈추지 않을 거야! 절대 멈추지 않을 거야!"

사람들은 이 오순절 부흥을 매우 비판적으로 바라봅니다. 그들은 "이 부흥은 결코 계속되지 못할 것이다"라고 말합니다. 그러나 그들이 이 역사를 경험하면 그들은 한결같이 "이 부흥은 결코 멈추지 않을 것입니다"라고 말합니다. 하나님의 부흥은 계속해서 밀려오고 있으며, 생명과 사랑과 영감 그리고 능력의 흐름이 멈추는 일은 없습니다.

방언 통역) 이를 가져오신 것은 살아 있는 말씀이니라. 그 한가운데 어린 양이 계시도다. 그분은 어제나 오늘이나 영원토록 동일하시도다.

하나님은 모든 사람을 위해 무한한 자원을 가져오셨습니다. 그러니 의심하지 마십시오. 믿음의 귀를 가지고 들으십시오. 하나님은 우리 가운데 계십니다. 오늘날 여러분이 보고 듣는 것을 행하신 분이 하나님이심을 명심하십시오(행 2:33).

저는 성령의 권능의 통제를 받는 초대 교회에서 거짓말이 존재할 수 없었다는 사실을 여러분이 알길 원합니다. 성령의 권능이 교회 안에 들어온 순간 즉각적으로 사람이 죽었습니다. 성령의 권능이 증가하는 시대에는 어느 누구도 거짓의 영을 가지고 교회 가운데 있을 수 없을 것입니다. 하나님은 교회를 정결케 하실 것입니다. 하나님의 말씀으로 인한 치유와 영적 나타남이 너무나 강력하여 이런 일들을 목도하는 모든 사람들에게 큰 두려움이 임할 것입니다.

인간적인 생각으로 보면 아나니아와 삽비라가 만일에 대비해 약간의 돈을 남겨둔 일이 작아 보일 수 있습니다. 하지만 저는 오직 살아 있는 믿음을 통해서만 여러분이 하나님을 기쁘시게 할 수 있고, 그분께 무언가를 얻을 수 있다는 것을 말씀드리고 싶습니다. 하나님은 결코 실패하지 않으십니다. 하나님은 실패하실 수 없습니다.

자비로우신 치유의 하나님

제가 노르웨이의 베르겐에 있을 때, 병원에서 간호사로 근무하는 한 여인이 집회에 참석했습니다. 그녀의 코에는 커다란 종양이 있었습니다. 그녀의 코는 점점 커져서 검게 되었고 심한 염증이 생겼습니다. 그녀는 기도를 받으러 왔습니다.

저는 그녀에게 "상태가 어떻습니까?"라고 물었습니다. 그러자 그녀가 말했습니다. "저는 코를 만질 수도 없어요. 만지면 너무 아픕니다." 저는 모든 사람들에게 말했습니다. "저는 여러분이 이 간호사를 보길 원합니다. 그리고 그녀의 상태가 얼마나 나쁜지 알기 원합니다. 저는 우리 하나님이 자비로우시고 신실하시기 때문에 마귀가 가져다준 이 질병을 없애주실 것이라 믿습니다. 저는 예수님의 전능하신 이름으로 이 질병을 저주할 것입니다. 그러면 통증이 사라질 것입니다. 저는 하나님께서 그분의 은혜를 보여주실 것이라 믿습니다. 그리고 저는 이 젊은 여인에게 내일 밤 집회에 와서 하나님께서 그녀에게 행하신 일을 선포해달라고 부탁할 것입니다."

오, 죄가 얼마나 무서운지요! 오, 죄의 능력이 얼마나 무서운지요! 오, 타락의 결과가 얼마나 무서운지요! 제가 종양을 보았을 때에 저는 "이것이 하나님이 하신 역사일 수 있습니까?"라고 묻습니다. 저는 하나님께서 저를 도우셔서 이것이 마귀의 역사임을 보여주시고, 여러분에게 탈출구를 보여주시길 원합니다.

저는 죄인을 정죄하지 않습니다. 저는 사람들을 책망하지도 않습니다. 저는 죄의 배후에 있는 것이 무엇인지 압니다. 저는 사탄이 항상 우는 사자같이 두루 다니며 삼킬 자를 찾는다(벧전 5:8)는 것을 압니다. 저는 언제나 주 예수 그리스도의 인내와 사랑을 기억합니다.

사람들이 간음하다가 잡힌 여인을 주님께 데려와서 그 여인을 현장에서 잡았다고 말했을 때, 주님은 조용히 허리를 굽히시고 땅에 글씨를 쓰셨습니다. 그런 뒤에 주님은 이렇게 말씀하셨습니다. "너희 중에 죄 없는 자가 먼저 돌로 치라"(요 8:7). 저는 죄 없는 남자를 본 적이 없습니다. "모든 사람이 죄를 범하였으매 하나님의 영광에 이르지 못하더니"(롬 3:23). 그러나 저는 이 복된 복음의 메시지에서 하나님께서 우리 모두의 죄악을 그(예수)에게 담당시키셨다(사 53:6)는 사실을 읽습니다.

저는 악한 질병을 볼 때에 제가 저의 자리에 서서 그 질병을 꾸짖어야 한다고 생각합니다. 저는 고통스러워하는 간호사의 코에 안수하고 그녀에게 이처럼 많은 고통을 준 악한 세력을 저주하였습니다.

다음날 집회 장소는 만원이었습니다. 사람들이 너무 많아서 더 이상 한 사람도 그곳에 들어올 수 없을 것 같았습니다. 하나님의 비가 우리 위에 얼마나 강하게 내렸는지요! 하나님은 얼마나 은혜로 충만하시고, 얼마나 사랑으로 충만하신지요! 저는 청중 가운데 간호사를 발견하고서 소리쳤습니다. "여기 제가 코를 위해 기도해준 여인이 있습니다." 저는 그녀에게 앞으로 나와달라고 청했습니다. 그러자 그 여인이 나와 사람들에게 하나님이 행하신 일을 보여주었습니다. 그분은 그녀를 완벽하게 고쳐주셨습니다.

여러분에게 말씀드립니다. 그분은 동일하신 예수님이십니다. 그분은 오늘도 동일하십니다(히 13:8). 여러분이 하나님을 신뢰한다면 모든 것이 가능합니다(막 9:23).

교회 성장과 수많은 치유들

하나님의 능력이 초대 교회에 매우 강력하게 임하여 아나니아와 삽비라가 죽었을 때에 큰 두려움이 모든 사람들 위에 임했습니다. 그리고 우리가 하나님의 임재 가운데 있을 때, 하나님께서 우리 가운데 강력하게 역사하실 때 큰 두려움과 경외함과 거룩한 삶에 대한 갈망과 하나님을 기쁘시게 하지 못할까 봐 두려워하는 순전함이 생깁니다. 우리는 하나님께서 구원받는 자들을 교회에 더하셨다는 기사를 읽습니다.

그 후로 사람들은 하나님께서 일하실 것을 확신해서 그 어떤 것도 가능하다는 것을 알고 병자들을 거리로 데리고 왔습니다. 이는 베드로의 그림자라도 그들 위로 지나가도록 하기 위함이었습니다. 사람들은 수많은 환자들과 악한 영에 눌렸던 자들을 사도들에게 데려왔으며, 하나님께서는 그들 모두를 고쳐주셨습니다. 저는 그들을 고친 것이 베드로의 그림자가 아니라 하나님의 능력이 임하고 사람들의 믿음이 솟구쳐 그들이 한 마음으로 하나님을 믿었기 때문이라고 믿습니다. 하나님은 언제나 믿음에 근거하여 사람들을 만나주실 것입니다.

노르웨이와 아일랜드에서의 부흥

하나님의 물결이 온 세상에서 일어나고 있습니다. 노르웨이 스타방게르에서 복음을 전하던 중 저는 너무 피곤해서 몇 시간 쉬고 싶었습니다. 다음 장소로 이동했는데 아침 9시 30분 즈음에 그곳에 도착했습니다. 첫 번째 집회는 밤에 있을 예정이었습니다. 저는 통역에게 "뭘 좀 먹은 후에 바닷가로 갑시다"라고 말했습니다. 우리는 바닷가에서 서너 시간을 보낸 후 오후 4시 30분에 돌아왔습니다.

우리는 입구가 좁은 거리 끝에 자동차와 마차들이 가득한 것을 보았습니다. 그리고 그 안에는 온갖 환자들이 타고 있었습니다. 저는 집회 장소로 올라갔고, 거기에도 병자들이 가득하다는 말을 들었습니다. 순간 사도행전 5장의 장면이 떠올랐습니다. 저는 먼저 거리에 있는 사람들을 위해 기도하기 시작했습니다. 그러자 하나님께서 사람들을 고치기 시작하셨습니다. 그날 그분께서 사람들을 얼마나 놀랍게 고치셨는지 모릅니다.

우리가 식사를 위해 자리에 앉았을 때에 전화가 울렸습니다. 전화를 건 사람은 이렇게 말했습니다. "어떻게 해야 하나요? 시청 홀이 이미 만원입니다. 경찰도 사태를 통제할 수 없다고 하네요."

사랑하는 여러분, 지금 물결이 일어나고 있습니다. 밭은 희어져 추수를 기다리고 있습니다(요 4:35). 하나님은 우리에게 놀라운 부흥을 주셨습니다. 저는 강력한 부흥을 경험하길 원합니다. 저는 웨일즈에서 강력한 부흥을 경험했습니다. 그리고 우리가 지금까지 생각했던 모든 것을 초월하는 부흥을 갈망합니다. 저는 그런 부흥이 오고 있다고 믿습니다.

그 작은 노르웨이 마을이 사람들로 인산인해를 이뤘습니다. 오, 하나님의 능력이 그들에게 임하였습니다! 모든 사람이 소리를 쳤습니다. "이것이 부흥 아닌가요?" 부흥이 오고 있습니다. 전능자의 숨결이 오고 있습니다. 하나님의 숨결이 강물처럼 오기 때문에 모든 사람은 새롭게 기름부음을 받고, 보혈로 씻음을 받을 것입니다. 여러분은 그 숨결이 우리에게 임해 있다는 사실을 의지할 수 있습니다.

아일랜드에서 집회를 인도할 때, 많은 환자들이 실려 왔고, 무기력한 자들도 왔습니다. 그곳에 참석한 사람들 중 많은 이들이 성령세례를 구했습니다. 그들 중 어떤 이들은 오랫동안 그것을 구하고 있었습니다.

그곳에는 강력한 찔림을 받은 죄인들도 있었습니다.

한순간에 하나님의 숨결이 그 집회 장소를 휩쓸고 지나갔습니다. 10분 후에 그곳에 있던 모든 죄인들이 구원을 받았습니다. 성령세례를 구하던 모든 자들이 성령세례를 받았고, 모든 병자들이 고침을 받았습니다. 하나님은 실체(reality)이시며, 그분의 능력은 결코 실패할 수 없습니다. 우리가 믿음으로 나아가면, 하나님은 우리를 만나주시고 동일한 비를 내리실 것입니다. 성령의 능력을 통해 동일한 보혈이 깨끗게 하시며, 동일한 능력과 동일한 성령, 동일한 예수님이 모든 것을 실제로 나타나게 만드십니다. 만일 우리가 하나님을 믿는다면, 어떤 일이 일어나겠습니까?

주 예수 그리스도의 보혈에 능력이 있습니다. 보혈은 지금 당장 여러분의 마음을 씻어주고, 이 생명, 하나님의 놀라운 생명을 여러분 안에 두실 것입니다. 여러분이 믿기만 하면, 보혈은 여러분의 모든 부분을 온전케 만들 것입니다.

성경은 여러분이 와서 예수 그리스도의 은혜와 능력과 힘과 의와 온전한 구속을 받기를 촉구하는 말씀으로 가득합니다. 우리가 믿을 때에 그분은 우리에게 응답하십니다. 이 예수님이 우리 가운데 계셔서 우리를 만지시고 자유케 하십니다.

절름발이와 그의 아들

제가 있던 곳에 사람들이 한 절름발이 남자를 데려왔습니다. 그는 2년 동안 침대에 누워 있었고, 회복에 대한 소망이 전혀 없었습니다. 그는 집회에 참석하기 위해 30마일을 왔습니다. 그는 기도를 받으러 목발을 의지하고 왔습니다. 또한 그의 아들도 무릎이 아파서 목발을 짚고 와 두 사람의 목발만 4개였습니다. 그 남자의 얼굴은 고통으로 가득했습니다. 그러나 주님 안에는 치유의 능력이 있습니다. 그리고 우리가 믿을 때에 그분은 결코 실패하지 않으십니다.

예수의 이름으로(그 이름은 온통 능력으로 충만합니다) 저는 그의 병든 다리에 안수했습니다. 그러자 그 남자는 즉시 목발을 던져버렸습니다. 그리고 그가 아무런 도움 없이 이리저리 걸어다니는 모습을 보고 모든 사람들이 놀랐습니다. 이어서 그의 아들이 소리쳤습니다. "아빠, 저도요. 아빠, 저도요, 저도요, 저도요!" 두 무릎이 말라버린 그 아이도 같은 터치를 받고 싶어 했습니다. 그러자 동일한 예수님께서 이 작은 포로에게도 진정한 구원을 가져다주셨습니다. 그도 완전히 나음을 입었습니다. 그의 다리도 만지심을 받았습니다.

만일 하나님께서 병든 다리를 풀어주시기 위해 그분의 전능하신 능력을 펼치셨다면, 영원히 존재해야 하는 여러분의 영혼에 대해서는 어떤 자비를 베푸시겠습니까? 주님께서 하시는 말씀을 들어보십시오.

주의 성령이 내게 임하셨으니 이는 가난한 자에게 복음을 전하게 하시려고 내게 기름을 부으시고 나를 보내사 포로 된 자에게 자유를, 눈 먼 자에게 다시 보게 함을 전파하며 눌린 자를 자유롭게 하고 (눅 4:18)

주님께서는 여러분을 초청하십니다. "수고하고 무거운 짐 진 자들아 다 내게로 오라 내가 너희를 쉬게 하리라"(마 11:28). 하나님은 자비 가운데 여러분의 수족을 그분의 강력한 능력으로 기꺼이 만져주십니다. 만일 그분께서 기꺼이 이렇게 하신다면, 사탄의 권세에서 여러분을 구원하여 왕의 자녀로 삼으시길 얼마나 더 갈망하시겠습니까! 몸의 질병을 치료를 받는 것보다 영혼의 질병을 치료받는 것이 얼마나 더 중요하겠습니까! 하나님은 이 두 가지를 다 치료해주십니다.

죄에 빠진 젊은이

제가 런던에 있을 때, 오순절선교회의 서기장이었던 먼델 씨가 한 젊은이를 만나도록 주선했습니다. 그의 부모는 샐리스베리에 살았는데, 그들은 이 젊은이를 런던에 보내어 그들의 사업을 돌보도록 맡겼습니다. 그는 주일학교의 지도자였지만 배신을 당한 후에 타락했습니다. 죄는 참혹하며, 죄의 삯은 사망입니다(롬 6:23). 그러나 또 다른 면이 있습니다. "하나님의 은사는 그리스도 예수 우리 주 안에 있는 영생이니라"(롬 6:23).

이 젊은이는 큰 고통 가운데 있었습니다. 그는 무서운 질병에 걸렸지만, 누구에게도 말하기가 두려웠습니다. 그의 앞에는 죽음 이외에 아무엇도 없었습니다. 아버지와 어머니가 그의 질병을 알게 됐을 때, 그들은 말할 수 없는 비통에 빠졌습니다.

우리가 그의 집에 도착했을 때, 먼델 형제가 기도할 것을 제안했습니다. 제가 말했습니다. "하나님은 그렇게 말씀하시지 않습니다. 우리는 아직 기도하지 않을 것입니다. 저는 '미련한 자들은 그들의 죄악의 길을 따르고 그들의 악을 범하기 때문에 고난을 받아'(시 107:17)라는 성경말씀을 인용하고 싶습니다."

그 순간 그 젊은이가 소리쳤습니다. "제가 바로 그 미련한 자입니다." 그는 우리에게 자신이 타락한 이야기를 해주었습니다. 남자들이 회개하고 그들의 죄를 고백하기만 한다면, 하나님은 그들을 고치시고 구원하시기 위해 그분의 손을 펴실 것입니다. 그 젊은이가 회개하는 순간 크게 곪은 부분이 터졌고, 하나님께서 그 젊은이에게 능력을 주시고, 강력한 축사를 허락하셨습니다.

하나님은 은혜로우시며 아무도 멸망하지 않기를 원하십니다(벧후 3:9). 얼마나 많은 사람들이 자신의 죄를 깨끗이 끊으려 할까요? 여러분이 그렇게 하는 순간 하나님은 하늘 문을 여실 것입니다. 여러분이 와서 지존자의 은밀한 곳(시 91:1)에 거한다면, 그분께서 여러분의 영혼을 구원하시고 질병을 고치시는 것은 쉬운 일입니다. 그분은 여러분을 장수로 만족시키시며, 그분의 구원을 여러분에게 보이실 것입니다(시 91:16). "주의 앞에는 충만한 기쁨이 있고 주의 오른쪽에는 영원한 즐거움이 있나이다"(시 16:11). 하나님의 아들의 보혈로 인해 모든 사람에게는 충만한 구속이 있습니다.

Chapter 25

성령 충만한 신자의 적극적인 삶

지금은 말세, 즉 배도의 시대입니다. 이 시대에는 사탄이 큰 권세를 가지고 있습니다. 그러나 허락된 범위 밖에서는 사탄에게 전혀 권세가 없다는 것을 명심해야 합니다.

하나님께서 여러분을 세상에서, 수많은 것들에서 풀어주고 계시다는 사실을 아는 것은 매우 중요합니다. 여러분은 모든 것 안에서 하나님의 마음을 찾아야 합니다. 그렇지 않을 경우, 여러분은 그분의 역사를 제한하게 될 것입니다.

하나님의 음성을 아는 법을 배울 때까지 우리는 하나님의 마음을 결코 알지 못할 것입니다. 모세에게 있어서 놀라운 것은 그가 인간의 지혜를 배우는 데 40년, 자신의 무기력함을 아는 데 40년, 그리고 하나님의 능력 가운데 40년을 살았다는 점입니다. 이 사람을 가르치는 데

120년의 세월이 걸렸습니다. 그리고 제가 보기에 우리가 하나님의 음성과 인도하심과 우리를 향하신 그분의 뜻을 모두 아는 자리에 이르기까지 많은 시간이 걸리는 것 같습니다.

저는 그리스도 안에서 하나님이 가지고 계신 모든 계시와 모든 조명(illumination), 모든 것이 완전한 빛 가운데 나타나기로 되어 있다는 것을 압니다. 이는 우리로 하여금 이 모든 것을 따라 동일하게 살고, 동일한 것들을 낳으며, 모든 활동에 있어서 능력 있는 하나님의 자녀들이 되도록 하기 위함입니다. 이는 반드시 그렇게 되어야 합니다.

우리는 거룩하신 자(the Holy One)를 제한해서는 안 됩니다. 그리고 우리는 분명히 하나님께서 우리를 초자연적인 존재로 지으셨다는 것을 분명히 알아야 합니다. 이는 우리로 하여금 날마다 성령 안에서 살도록 하기 위함입니다. 그럴 때에 하나님의 모든 계시들은 마치 우리 눈앞에 펼쳐진 캔버스가 되고, 우리는 그 안에서 하나님의 모든 거룩하신 뜻을 하나하나 분명하게 봅니다.

성령 안에서 자유하라

성령의 역사를 제한하는 어떤 모임도 곧 시들 것입니다. 모임은 가능한 한 성령 안에서 자유로워야 합니다. 그리고 여러분은 사람들이 하나님께 다가갈 때 약간의 과도함(extravagance)을 허락해야 합니다. 만일 지혜롭게 행동하지 않으면, 우리는 쉽게 우리 위에 역사하시는 하나님의 능력을 방해하거나 그 불을 끌 수 있습니다. 모임 중에 한 사람이 불신으로 가득하면, 그 사람으로 인해 마귀가 자리잡을 수 있다는 것은 명백한 사실입니다. 그리고 우리가 조심하지 않으면, 알지 못하는 사이에 어떤 약한 사람의 영의 불을 끌 수 있습니다. "믿음이 강한 우리는 마땅히 믿음이 약한 자의 약점을 담당하고"(롬 15:1).

여러분의 모임에 생명이 충만하길 원한다면, 하나님의 성령이 주관하시도록 맡겨드려야 합니다. 그리고 이처럼 복된 성령의 나타나심이 항상 있기를 원한다면, 어린아이들처럼 단순하고 뱀처럼 지혜롭고 비둘기처럼 순전해야 합니다(마 10:16).

저는 항상 하나님께서 은혜롭게 인도해주시길 간구합니다. 우리가 조심하지 않으면 인간적인 생각을 따르기가 너무 쉽기 때문에 집회에는 은혜가 필요합니다. 설교자가 기름부음을 잃어버렸을 경우, 그가 회개하고 하나님과의 관계를 바르게 하고 기름부음을 다시 얻으면 괜찮아질 것입니다. 영적이지 못할 때에는 언제나 좋지 않습니다. 우리는 거룩한 언어를 가지고 있어야 하며, 그 언어는 하나님에게서 나와야 합니다.

사랑하는 여러분, 여러분이 하나님의 은혜 안에 완전히 들어간다면 여러분의 삶에 한 가지가 분명히 일어날 것입니다. 여러분은 모든 사람을 판단하고 아무도 믿지 못하는 세상적인 위치에서 모든 것을 믿고 모욕을 받아도 보복하지 않는 마음을 갖게 되는 곳으로 옮겨갈 것입니다.

천국의 달콤한 터치

저는 여러분 중에 많은 사람들이 말을 하기 전에 여러 번 생각한다는 것을 압니다. 여기 위대한 말씀이 있습니다. "너희 순종함이 모든 사람에게 들리는지라 그러므로 내가 너희로 말미암아 기뻐하노니 너희가 선한 데 지혜롭고 악한 데 미련하기를 원하노라"(롬 16:19).

순전하십시오! 내적으로 더러움으로 인한 부패가 없어야 합니다. 즉 불신이 아니라 거룩한 예수님의 형상이 있어야 합니다. 그것은 전능하신 하나님께서 모든 것을 분명히 살피신다고 믿는 것입니다. 할렐루야! "화가 네게 미치지 못하며 재앙이 네 장막에 가까이 오지 못하리니 그가 너를 위하여 그의 천사들을 명령하사 네 모든 길에서 너를 지키게 하심이라"(시 91:10-11). 하나님 아버지의 품에 굳게 선 하나님의 자녀는 가장 달콤한 천국의 터치를 받습니다. 그리고 언제나 그의 삶 가운데 꿀 같은 말씀이 있습니다.

성도들이 자신이 하나님이 보시기에 얼마나 소중한 존재인지를 안다면(사 43:4), 그분의 사랑에 잠을 이루지 못할 것입니다. 오, 예수님은 매우 존귀하신 분입니다! 그분은 사랑스러운 구세주이십니다! 주님은 우리를 향하신 모든 태도에 있어서 거룩하십니다. 그리고 그분은 우리의 마음을 불타오르게 만드십니다. 이와 같은 불은 없습니다. 예수님과 함께 엠마오로 가던 두 제자는 "길에서 우리에게 말씀하시고 우리에게 성경을 풀어 주실 때에 우리 속에서 마음이 뜨겁지 아니하더냐"(눅 24:32)라고 말했습니다. 사랑하는 여러분, 이것은 오늘날에도 그래야만 합니다.

성령께서는 언제나 그분을 드러내신다는 것을 명심하십시오. 우리는 성령께서 숨결이시며, 인격이신 것을 이해해야 합니다. 그리고 저에게 있어서 가장 놀라운 일은 이 성령의 능력이 우리 몸의 모든 지체에 역사할 수 있다는 사실입니다. 여러분은 여러분의 정수리에서 시작하여 발바닥에 이르기까지 그것을 느낄 수 있습니다. 성령으로 온몸이 불타오르는 것은 매우 황홀한 경험입니다. 이런 일이 일어날 때, 우리의 혀는 하나님께 영광과 찬양을 돌려야 합니다.

여러분은 주님을 높여드리는 자리에 있어야 합니다. 성령님은 예수님을 높이시는 분이며, 예수님을 크게 조명하시는 분입니다. 성령이 오신 후에 여러분의 혀를 가만히 두기란 불가능합니다. 그분을 찬양하지 않는다면, 여러분은 터질 것입니다! 조용하게 성령세례를 받은 사람들은 어떻습니까? 그런 사람은 성경에서 찾아볼 수가 없습니다. 여러분은 새 방언으로 하나님께 말씀드릴 때, 이전에 한 번도 경험해보지 못한 그분과의 친밀한 교제 가운데로 들어가게 될 것입니다.

복음 전파에 대해 이야기해봅시다. 저는 성령 충만한 사람들이 복음을 전파하는 일을 멈출 수 없을 것이라고 생각합니다. 심지어 자녀들조차 예언할 것입니다(욜 2:28). 성령이 우리 안에 오시면 우리는 하나님 안에서 새로운 질서 속에 있게 됩니다. 그것이 매우 생생해서 여러분은 노래하고, 말하고, 웃고, 소리치고 싶을 것입니다. 성령이 들어오시면 우리는 생각지 못한 곳에 있게 됩니다.

만일 성령의 내주하심이 사랑스럽다면, 그분께서 밖으로 흘러나오시는 모습은 어떠하겠습니까? 들어오신 성령은 반드시 밖으로 흘러나오시게 되어 있습니다.

저는 풍경에 관심이 많습니다. 스위스에 있을 때, 제가 계곡을 좋아함에도 불구하고 산 정상에 오르기까지 만족하지 못했습니다. 산 정상에 올랐을 때, 태양이 내리쬐어 눈을 녹여 산 아래 초장을 향해 졸졸 흐르게 만들었습니다. 그곳에 가서 그 물을 멈출 수 있는지 보십시오. 영적 세계도 마찬가지입니다. 하나님은 거룩하신 그분의 영원한 능력으로 시작하십니다. 그것은 성령이시며, 여러분은 이를 멈출 수가 없습니다.

영적 거장들

우리는 성령세례를 통해 우리가 영혼들을 섬길 수 있게 된다는 사실을 분명히 알아야 합니다.

베드로와 요한은 성령세례를 받은 후 성전에서 앉은뱅이를 만났습니다. 그들이 자신들이 무엇을 가지고 있는지 알았을까요? 아닙니다. 저는 여러분에게 여러분이 가지고 있는 것이 무엇인지 알아보기를 도전합니다. 성령세례를 받았을 때, 어떤 것을 받았는지 어느 누구도 모릅니다. 여러분은 그것을 모릅니다. 여러분은 인간의 기준으로 그것을 측정할 수도 없습니다. 그것은 인간이 상상할 수 있는 것보다 큽니다. 따라서 이 두 제자도 자신들이 가지고 있는 것을 몰랐습니다.

성령세례를 받은 후 그들은 처음으로 미문으로 갔습니다. 거기서 그들은 40년 이상 앉은뱅이로 지낸 사람이 앉아 있는 것을 보았습니다. 그들이 그를 보았을 때 처음 일어난 일이 무엇이었습니까? 사역(ministry) 이었습니다. 두 번째 무슨 일이 일어났습니까? 역사(operation)였습니다. 세 번째가 무엇이었습니까? 물론 나타나심(manifestation)이었습니다. 다른 방식은 없습니다. 여러분은 성경에서 언제나 이런 순서로 일이 진행된다는 것을 발견하게 될 것입니다.

저는 명철에 능하고, 놀라운 활동을 하며, 믿음으로 충만한 행동 때문에 언제나 놀라운 간증거리가 있는 그런 영적 거장들이 이 땅에 있어야 한다는 것을 분명히 압니다. 그러나 보통 신자보다 더 나은 분별력과 말씀의 지식을 가지고 있지만, 이것들을 사용하지 않아서 은사들이 잠자고 있는 사람들이 많습니다.

제가 이 자리에 온 것은 여러분으로 하여금 성령의 은사들을 통해 하나님의 능력 안에서 강력하게 행하도록 도와주기 위해서입니다. 성령 충만한 사람은 언제나 행동합니다. 사도행전의 첫 구절은 "무릇 예수의 행하시며 가르치시기를 시작하심부터"란 말씀으로 시작됩니다. 예수님은 행하시기 시작하셔야 했습니다. 그리고 우리도 그래야만 합니다.

고통받는 자들을 도와줌

사랑하는 여러분, 우리는 성령세례가 외적인 나타나심이 있는 행위라는 것을 알아야 합니다. 노르웨이에 있을 때, 하나님은 그곳에서 강력하게 역사하셨습니다. 하나님은 놀라운 방식으로 역사하셨습니다.

어느 날 제가 두 사람과 함께 길을 가던 중 한 남자를 만났습니다. 우리 일행 중 한 사람은 통역하는 사람이었습니다. 그가 우리를 세웠을 때 저는 계속 걸었습니다. 그러나 저는 그가 딜레마에 빠져 있다는 것을 알았습니다. 그래서 돌아서서 통역사에게 물어보았습니다. "무슨 문제죠?" 통역사는 "이 사람은 신경통이 너무 심해서 거의 앞을 못 보는 매우 비참한 상태에 있습니다"라고 말했습니다. 그들이 대화를 마치자마자 저는 그를 괴롭히는 영에게 말했습니다. "예수의 이름으로 그에게서 나오라." 그러자 그 남자가 말했습니다. "다 사라졌어요! 다 떠났어요!" 사랑하는 여러분, 우리는 하나님이 우리를 위해 가지고 계신 것을 알지 못합니다.

이제 호주 시드니에서 있었던 일을 말씀드리겠습니다. 지팡이를 짚은 한 남자가 친구와 제 곁을 지나갔습니다. 그는 걸을 때마다 몸을 뒤틀었으며, 그의 고통스러운 모습이 제 마음을 깊이 자극했습니다. 저는 스스로에게 물었습니다. "이 사람을 그냥 지나치는 것이 옳은가?" 그래서 저는 친구에게 말했습니다. "여기 극한 고통 가운데 있는 사람이 있네. 그래서 나는 더 이상 갈 수가 없네. 그에게 말을 걸어봐야겠어."

저는 그 남자에게 가서 말했습니다. "당신은 큰 곤경에 처하신 것 같습니다." 그러자 그가 "예"라고 말했습니다. "저는 아무 쓸모가 없는 사람입니다. 그리고 앞으로도 그럴 것입니다." 제가 말했습니다. "저기 호텔이 보이시죠? 저 문 앞에서 5분만 기다리십시오. 그러면 제가 당신을 위해 기도하겠습니다. 그러면 당신도 여기 있는 사람들처럼 똑바로 걸을 수 있을 것입니다." 이것은 예수님을 믿는 믿음에서 나온 행동이었습니다.

저는 호텔비를 지불한 후에 다시 돌아왔습니다. 그는 그 자리에 있었습니다. 그는 왜 제가 거리에서 자기를 세우고 그가 똑바로 걷게 될 것이라고 말하는지 의아해했습니다. 그러나 저는 그렇게 말했고, 또 그래야만 했습니다. 여러분이 어떤 말을 할 때에는 하나님과 함께 서야만 합니다. 여러분에게 정당한 근거가 없다면 결코 분별없이 말하지 마십시오. 항상 여러분이 서 있는 근거를 분명히 하십시오. 그리고 반드시 하나님을 경외하십시오. 만일 여러분 자신을 높인다면, 그것은 여러분에게 슬픔을 가져다줄 것입니다. 여러분의 모든 사역은 은혜와 축복의 노선과 일치해야 합니다.

우리는 그 사람이 두 계단 올라서는 것을 도와주었고, 그를 엘리베이터가 있는 곳으로 데려갔습니다. 그리고 2층으로 올라갔습니다. 그를 엘리베이터에서 방으로 데려가는 것은 매우 힘들었습니다. 마치 사탄이 그를 붙들려고 마지막으로 발버둥치는 것 같았습니다. 그러나 우리는 결국 그를 방으로 데려갔습니다. 5분 후에 그는 다른 사람들처럼 몸을 똑바로 펴고서 그 방에서 걸어나왔습니다. 그는 완벽하게 걸었으며 몸에 통증이 없다고 선언했습니다.

사랑하는 여러분, 이것이 사역입니다. 이것이 역사입니다. 이것이 나타나심입니다! 이것이 바로 성령세례의 주요 원리 세 가지입니다. 그리고 우리는 하나님께서 우리를 통해 이런 것을 생산해내시도록 해야 합니다.

성경은 하나님의 말씀입니다. 거기에는 진리가 있고 사람들이 이 진리에 대해 어떻게 말하든지 그것은 움직이지 않고 변하지 않습니다. 그분의 선하신 모든 약속은 결코 이루어지지 못하는 경우가 없습니다(왕상 8:56).

주님의 말씀은 전진합니다. 그 말씀은 하늘에 굳게 서 있습니다(시 119:89). 땅에서는 그분이 영원한 능력의 하나님이시라는 사실이 드러나야 합니다.

행동 개시

하나님은 그분을 나타내기를 원하시며, 그분의 영광을 보여주길 원하십니다. 그분은 우리 모두가 하나님께서 우리를 감찰하시고 우리가 세상을 그분께 복종시키는 것을 기뻐하신다는 생각으로 가득하길 원하십니다. 여러분이 행동을 시작하지 않으면, 많은 것을 놓치게 될 것입니다. 그러나 여러분이 하나님의 질서 가운데 행동하기 시작하면, 하나님께서 여러분의 믿음을 세워주시고 약속을 따라 여러분을 움직이십니다. 여러분은 언제 시작하시겠습니까?

저는 영국에서 우리가 하나님을 믿을 때 어떤 일이 일어날지에 대해 이야기했습니다. 당시 광산에서 일하는 한 남자가 저의 말을 들었습니다. 그는 무릎이 뻣뻣해서 고생하고 있었는데, 그는 아내에게 이렇게 말했습니다. "나는 위글스워스의 메시지를 들으면 우리가 뭔가를 해야만 한다는 생각을 하게 돼. 그 생각을 떨쳐버릴 수가 없단 말이야. 광산에 있는 모든 사람들은 내가 뻣뻣한 무릎으로 어떻게 걷는지 다 알아. 당신도 천으로 내 무릎을 싸매어주어서 내 다리가 어떤 상태인지 잘 알잖아. 그런데 이제 행동으로 옮겨야겠어. 당신이 나를 지켜봐줘."

그는 아내를 자기 앞에 세웠습니다. "난 이제 위글스워스가 한 그대로 행동할 거야." 그는 자기 다리를 인정사정없이 붙들고 말했습니다. "너희 귀신들아, 나와라. 예수의 이름으로 나와라! 예수님, 저를 도와주십시오. 너희 귀신들아, 나와라. 나와." 그런 뒤에 그가 말했습니다. "여보, 그들이 떠났어! 그들이 떠났다니까! 이거 너무 좋은데. 나도 이제 행동할 거야."

그는 예배당으로 갔습니다. 그곳에 광부들이 모여 있었는데, 때마침 기도시간이었습니다. 그가 그들에게 자신의 이야기를 하자 사람들이 기뻐했습니다. 그들이 말했습니다. "잭, 이리로 와서 우리를 도와줘." 잭은 즉시 사람들에게 갔습니다. 그가 한 가정을 방문하자 다른 가정이 그를 초청했습니다. 그를 통해 광산에서 일하면서 고통을 받던 수많은 사람들이 고침을 받았습니다.

형제자매 여러분, 우리가 믿음으로 행동하면 하나님께서 우리를 위해 예비하신 모든 것을 경험할 수 있습니다. 그분은 분명 우리에게 필요한 은혜를 주실 것입니다! 우리는 실수할지 모릅니다. 여러분이 그분 밖에서 이런 일을 한다면, 여러분이 자신을 위해 일한다면, 그리고 여러분 스스로 뭔가가 되고 싶어 한다면 실패할 것입니다. 우리가 예수의 이름으로 이 일을 행할 때에만 성공할 수 있습니다. 그분 없이 아무것도 할 수 없다는 사실을 알 정도로 우리가 겸손하고, 약하고, 무기력

할 때 하나님의 아들이 우리 안에 두실 수 있는 사랑이 얼마나 큰지요! "무엇이든지 기도하고 구하는 것은 받은 줄로 믿으라 그리하면 너희에게 그대로 되리라"(막 11:24).

성령 안에서 사십시오. 성령 안에서 행하십시오. 성령과 교통하며 행하십시오. 하나님과 대화하십시오. 거룩한 질서와 인도하심은 여러분을 위한 것입니다. 자기 길로 행하여 하나님을 2순위에 두는 자들이 있다면, 회개하길 기도합니다. 세상적인 것을 버리고 하나님의 목적을 붙드십시오. 하나님은 여러분의 자아를 다스리실 것입니다. 지금부터 하나님과 시작하십시오!

www.purenard.co.kr